144. Jahrgang
2000 / 1
ISSN 0031-6229

**BEVÖLKERUNGS-
ENTWICKLUNG**

Zeitschrift für Geo- und
PGM
Petermanns Geographische Mitteilungen
Umweltwissenschaften

Ernst Struck
**Die Weltbevölkerung zum Beginn
des 21. Jahrhunderts – Aussichten
auf das Ende des Wachstums!**
6

Ulrich Mammey
**Die zukünftige Bevölkerungs-
entwicklung in Deutschland**
20

Franz-Josef Kemper
**Außenwanderungen in Deutschland –
Wandel der regionalen Muster in den
80er und 90er Jahren**
38

Heinz Fassmann & Wolfgang Seifert
**Von der Arbeitskräfteknappheit zur
Massenarbeitslosigkeit und retour –
die Entwicklung des
Arbeitskräfteangebots in Deutschland**
54

Paul Gans & Vijendra K. Tyagi
**Natürlich und räumliche
Bevölkerungsbewegungen in Indien –
der Einfluss soziokultureller Traditionen**
72

Nachfahren deutscher Auswanderer in Brasilien

Türkisches Ambiente in Berlin-Kreuzberg

Geschäftsstraße in einem Marktort nördlich von Delhi

© 2000 Justus Perthes Verlag Gotha GmbH

RUBRIKEN

Fernerkundung 4
Europa bei Nacht –
Satellitendaten in der
Bevölkerungsgeographie

Praxis 32
Bundesinstitut für
Bevölkerungsforschung
beim Statistischen
Bundesamt /
Deutsche Gesellschaft
für Bevölkerungswissen-
schaft e.V.

Online 46

Offline 48
Fischer Weltalmanach
2000 als CD-ROM

Statistik 56
Weltbevölkerung –
Verteilung und
Entwicklung

Literatur 74

Forum 80

Archiv 22
Sahara und Sudan:
Heinrich Barth –
der Humboldt der
Sudanforschung (Teil I)

Bild 86
Sahelzone –
das Beispiel Südniger:
Rumpffläche – Stufe –
Nigertal

**Moderator dieses Heftes/
Editor of this Issue**
HORST-GÜNTER WAGNER, Würzburg

Titelbild:
Großvater füttert Baby (© BAVARIA)

Herausgeber / Editorial Board	Verantwortliche / Responsible for
HANS-RUDOLF BORK, Potsdam	*Abstracts, Fernerkundung, Bild:* DETLEF BUSCHE, Würzburg
DETLEF BUSCHE, Würzburg	*Archiv:* IMRE JOSEF DEMHARDT, Darmstadt
MARTIN COY, Tübingen	*Literatur:* ULRICH ANTE, Würzburg
FRAUKE KRAAS, Bonn	*Online, Offline:* THOMAS OTT, Mannheim
OTMAR SEUFFERT, Bensheim	
HORST-GÜNTER WAGNER, Würzburg	

PGM publiziert ausschließlich begutachtete Aufsätze.
The papers published in PGM are exclusively refereed.

Für unverlangt eingesandte Manuskripte übernimmt der Verlag weder die Publikationspflicht noch die Gewähr der Rücksendung.

Impressum

Verlag
Klett-Perthes
Justus Perthes Verlag Gotha GmbH
Justus-Perthes-Straße 3–5
D-99867 Gotha/Postfach 100452
D-99854 Gotha
Telefon: (03621) 385-0
Telefax: (03621) 385-102
http://www.klett-verlag.de/klett-perthes
E-Mail: perthes@klett-mail.de

Verlagsredaktion
Dr. EBERHARD BENSER
STEPHAN FRISCH
Dr. ULRICH HENGELHAUPT

Abonnementverwaltung
CHRISTIANE BERNDT
Telefon: (03621) 385-184
Telefax: (03621) 385-103

Besprechungsexemplare
Unaufgefordert eingesandte Besprechungsexemplare können nicht zurückgesandt werden.

**Erscheinungsweise
und Bezugsbedingungen**

PGM erscheint 6-mal jährlich. Der Preis eines Jahresabonnements beträgt inkl. Versandkosten:

Normalabonnement
DM 146,70/öS 1071,–/sFr. 130,–/€ 75,–
Studentenabonnement
(nur gegen Nachweis)
DM 95,84/öS 700,–/sFr. 88,–/€ 49,–
Gültig für Deutschland, Österreich und die Schweiz.

Auslandsabonnement
DM 166,25/€ 85,–

Einzelhefte im Apartbezug
DM 27,40/öS 200,–/sFr. 26,70/€ 14,–
(zzgl. Versandkosten)

Bestellungen sind direkt an den Verlag oder an Zeitschriftenhändler zu richten. Abonnements können zu jedem beliebigen Zeitpunkt begonnen werden. Abbestellungen werden bis 6 Wochen vor Beginn eines neuen Kalenderjahres akzeptiert. Adressenänderungen bitte unverzüglich der Abonnementverwaltung mitteilen.

Herstellung
lpi lithos per individuum
Hauptstraße 17
D-30855 Langenhagen
Druckhaus „Thomas Müntzer" GmbH
Neustädter Straße 1–4
D-99947 Bad Langensalza

Gedruckt auf Papier aus chlorfrei gebleichtem Zellstoff.

ISSN 0031-6229
ISBN 3-623-08070-5

Alle Rechte vorbehalten. Nachdruck nur mit Genehmigung des Verlages.

Editorial

Bevölkerungsentwicklung erscheint angesichts des Übergangs in das 21. Jahrhundert als angemessenes Thema für eine Zeitschrift, die ihre Aktivität den Umwelt- und Geowissenschaften widmet, also einem wichtigen Teil der Rahmenbedingungen demographischer Prozesse. Für Herausgeber und Verlag war dieser Problemkreis auch deshalb angebracht, weil PGM mit Beginn ihres 144. Jahrgangs in neuer äußerer Gestaltung und inhaltlicher Orientierung der einzelnen Hefte auf jeweils einen bestimmten Schwerpunkt erscheinen werden. Aus Sicht der Geographie, im Schnittfeld von Natur-, Geistes- und Wirtschaftswissenschaften stehend, sind nicht nur Ursachen und Verlauf des demographischen Wachstums und seiner regionalen Differenzierung darzustellen, sondern auch Alternativen zukünftiger Wirtschafts-, Energie- und Umweltpolitik zu bedenken und zu diskutieren.

Die Bevölkerungsentwicklung beschäftigt heute nicht nur unterschiedlichste Wissenschaften, sondern auch Wirtschaft, Politik sowie kulturelle Einrichtungen, weil eine Grundfrage der Menschheit, ökonomische und soziale Ungleichheit, trotz großer Anstrengungen bis jetzt nicht gemildert werden konnte. ERNST STRUCK untersucht deshalb in seinem Beitrag, ob ein Ende des weltweiten demographischen Wachstums in Sicht sei. Er sieht, gestützt auf unterschiedliche Berechnungen, eine „demographische Wende" um das Jahr 2200. Voraussetzung seien jedoch umfassende Maßnahmen im Bereich der Bevölkerungs-, Familien- und Entwicklungspolitik zur Dämpfung der bislang noch hohen Zuwachsraten.

Anders ist die Situation altindustrialisierter Länder mit tendenziell schrumpfenden Einwohnerzahlen. ULRICH MAMMEY analysiert exemplarisch die Bevölkerungsentwicklung in Deutschland. Dabei stellt er dar, wie die ungünstige Altersstruktur das Gesellschaftssystem vor entscheidende Belastungen stellen wird. Aus der aktuellen Situation ergeben sich zwei Folgeprobleme. Erstens nimmt die Außenwanderung wesentlichen Einfluss auf die demographische Situation eines Landes. FRANZ-JOSEF KEMPER weist den Wandel ihrer regionalen Muster während der 80er und 90er Jahre nach. Wenn für ca. 2030 in den großen Verdichtungsräumen mit Ausländeranteilen zwischen 25 % und 50 % gerechnet werden kann, dann erzwingt diese Perspektive eine neue Bewertung von Migration allgemein und anderer kultureller Innovationen in Deutschland im Besonderen. Zweitens tritt die Dynamik des Arbeitsmarktes in Abhängigkeit von Altersstruktur, Arbeitskräfteangebot und Wirtschaftsentwicklung in den Vordergrund. HEINZ FASSMANN und WOLFGANG SEIFERT untersuchen den Gang der Massenarbeitslosigkeit und rechnen mit einer grundlegenden Wende infolge sinkenden und zugleich alternden Arbeitskräfteangebotes. Sie spannen einen Bogen von der Arbeitskräfteknappheit der 60er Jahre zu den gegenwärtigen Beschäftigungsdefiziten, sehen jedoch eine Umkehr der Situation, wenn die Jahrgänge des Babybooms das Rentenalter erreicht haben werden.

Im Kontrast dazu stellen PAUL GANS und VIJENDRA K. TYAGI die natürlich und räumlich anders ablaufenden Prozesse der Bevölkerungsbewegung am Beispiel Indiens dar, das in den letzten drei Jahrzehnten große Modernisierungsfortschritte seiner Wirtschaft und Technologie erreicht hat, aber gleichzeitig auch von vielschichtigen Traditionen geprägt wird. Die Autoren zeigen die soziokulturellen Einflüsse auf das generative Verhalten.

Die Beiträge machen in ihrer Gesamtheit auch deutlich, dass die Politik bisher die fachwissenschaftlich bekannten demographischen Prozesse nur relativ pauschal wahrgenommen, deren regionale Differenzierung zu wenig berücksichtigt und die notwendigen Entscheidungen bislang weitgehend umgangen hat.

Würzburg, im Dezember 1999

HORST-GÜNTER WAGNER

© 2000 Justus Perthes Verlag Gotha GmbH

PGM *Fernerkundung*

Europa bei Nacht – Satellitendaten in der Bevölkerungsgeographie

Die Verteilung der Bevölkerung ist eine der Schlüsselinformationen, um die Einflüsse des Menschen auf die Erde zu verstehen. Volkszählungen und Statistiken sind nicht flächendeckend vergleichbar.

„Konventionelle" Satellitendaten mit mittlerer Auflösung, wie z. B. des NOAA-*Advanced Very High Resolution Radiometer* (AVHRR), bieten nur eingeschränkte Möglichkeiten der Identifikation städtischer Regionen über ihre spektrale Signatur. Die seit den 70er Jahren vom US-Verteidigungsministerium betriebene Reihe der DMSP-Satelliten (*Defense Meteorological Satellite Program*) umkreisen die Erde in einer polarumlaufenden, sonnensynchronen Bahn in ca. 830 km Höhe. Sie beobachten meteorologische, ozeanographische und solar-terrestrische Phänomene und bilden jeden Punkt der Erde 2-mal pro Tag im sichtbaren und infraroten Bereich des Spektrums ab. Die Messungen im sichtbaren Licht erfolgen im Spektralbereich von 0,409 bis 1,10 µm. Die Thermalinfrarotdaten werden im Spektralbereich von 10,0 bis 13,4 µm erfasst und stehen im Wertebereich zwischen 190 und 310 Kelvin zur Verfügung. Eine Besonderheit des Systems liegt in der Verfügbarkeit eines Betriebsmodus, welcher im sichtbaren bis nahinfraroten Bereich des Spektrums operiert. Durch einen Restlichtverstärker (*Photo Multiplier Tube* – PMT) können auch sehr schwache Signale – immerhin mit einer räumlichen Auflösung von 2,7 km im Subsatellitenpunkt – aufgezeichnet werden. Nebenstehende Abbildung zeigt eine DMSP-Nachtaufnahme von Europa und dem nördlichen Afrika. Das Satellitenbild wurde auf ein dreidimensionales Kugelmodell aufgebracht und ist ein Einzelbild aus einer Computeranimation, welche eine globale Sicht der DMSP-Nachtaufnahmen ermöglicht.

Im Satellitenbild sind über den Lichteindruck drei Typen der Bevölkerungsverteilung zu erkennen:

1. Große polyzentrische Stadtregionen von Großbritannien über Belgien bis zum Ruhrgebiet, ferner in Schweden und Finnland. In Südeuropa und in Nordafrika sowie vom Baltikum bis Moskau und im Balkan sind es eher die monozentrischen Agglomerationen, z. B. Madrid (4 Mio. Einw.), Mailand (4,5 Mio.), Rom (3 Mio.), Neapel-Salerno (4 Mio.), Algier (4 Mio.) und Tunis (2,4 Mio.). Die Lichteffekte, größer als die statistischen Stadtregionen, zeigen die Suburbanisierung. Das nächtliche Bild belegt damit, dass die amtlichen Daten der städtischen Verwaltungsgebiete im Vergleich zum funktional zugeordneten Raum stets zu niedrig sind. Ballungsartige Lichtflecke strahlen auch aus der Sahara entgegen. Sie rühren einerseits von wachsenden Oasenstädten (Touggourt, Biskra, Lagouat, Tozeur, Douz). Andererseits fallen die noch weiter im Süden Algeriens liegenden sehr großen Lichtquellen auf: die Erdöl- und Erdgasfelder von Hassi Messaoud und Hassi R'Mel. Die überdimensionale Größe dieser hellen Flächen ist eine Folge von Überstrahlungseffekten, verursacht von hohen Abgastemperaturen.

2. Deutlich sichtbar werden die Nord–Süd verlaufenden Achsen (Rhein-Schiene, Rhônetal bis Marseille) mit verkehrsorientierter Siedlungsverdichtung. Lineare Elemente erkennt man auch in den dünner besiedelten Gebieten Osteuropas an der Reihung von kleineren Städten, in Tälern zwischen den Atlasketten in Nordafrika oder in der Städtereihe der Region Emilia-Romagna.

3. Die dritte, demographisch wohl wichtigste Komponente ist die hell beleuchtete Küstenniederung, die fast das gesamte hier dargestellte westliche Mittelmeergebiet umgibt. Hier fand eine Verdreifachung der Bevölkerungsdichte seit dem Jahre 1950 statt. Granada, Valencia, Barcelona, Marseille und Genua sind zu erkennen. Markante Verdichtungen zeigen auch die italienische Ostküste und die Nord- ostküste Tunesiens.

Zwei Aspekte kann das Satellitenbild nicht zeigen: Die Bevölkerung von Marokko, Algerien, Tunesien und Libyen nahm von 22 Mio. (1950) auf 70 Mio. (1997) viel schneller zu als in allen anderen hier sichtbaren Räumen und wird vermutlich auf 115 Mio. (bis 2025) anwachsen. Gleichzeitig wuchs die Bevölkerungszahl in Spanien und Italien nur sehr langsam, erreicht gegenwärtig ihren Kulminationspunkt und wird bis 2025 auf zusammen ca. 88 Mio abnehmen. Diese Datenlage macht zweitens darauf aufmerksam, dass die im Satellitenbild sichtbaren Lichteffekte die gravierenden Wohlstandsunterschiede nicht zeigen. Immer weniger Menschen in Europa verbrauchen im Vergleich zu Nordafrika immer mehr Elektrizität und nehmen für sich überproportionale Beleuchtungseffekte in Anspruch.

Robert Meisner, DLR, Oberpfaffenhofen; Horst-Günter Wagner, Universität Würzburg

Fernerkundung

Ernst Struck

Die Weltbevölkerung zum Beginn des 21. Jahrhunderts – Aussichten auf das Ende des Wachstums!

10 Figuren im Text

World population at the beginning of the 21st century – prospects of an end to growth!
Abstract: With the base year 1995 the most recent prognoses (till 2050) and projections (till 2150) made by the United Nations take into account the unexpected, quite considerable world-wide drop in births and the changes in the population structure caused by AIDS. The projection with a medium fertility supposition shows that the world population will increase only until the year 2200 to a maximum of about 11 billion people, will then stagnate or even drop ("demographic change"). For the period 1995 to 2150 the regionally different development and the distribution of population are shown (isodemographic maps), the possible change in fertility and the considerable ageing of the world population are analysed and some of the consequences discussed. We know that the resources for supplying the world population are limited and that the ecosystem is already damaged in many ways: The new projections, however, give cause for hope that we may have succeeded early enough in reducing the population maximum and thus giving mankind a chance to survive. To actually attain this goal the efforts of population and development policies have to be intensified.
Keywords: world population, population growth, prognosis, projection, fertility, population distribution, demographic change, aging

Zusammenfassung: Die neuesten Prognosen (bis 2050) und Projektionen (bis 2150) der Vereinten Nationen mit dem Basisjahr 1995 haben den in den letzten Jahren unerwarteten, ganz erheblichen weltweiten Rückgang der Geburtenzahlen und die Veränderungen der Bevölkerungsstruktur durch AIDS berücksichtigt. Die Projektion mit einer mittleren Fertilitätsannahme ergibt, dass die Weltbevölkerung nur noch bis zum Jahre 2200 auf maximal etwa 11 Mrd. zunehmen, dann stagnieren oder sogar abnehmen wird („demographische Wende"). Für den Zeitraum 1995 bis 2150 werden die regional unterschiedliche Entwicklung und die Bevölkerungsverteilung aufgezeigt (isodemographische Karten), die mögliche Veränderung der Fertilität und die überaus starke Alterung der Weltbevölkerung analysiert und einige ihrer Folgen diskutiert. Wir wissen, dass die Ressourcen zur Versorgung der Weltbevölkerung begrenzt sind und das Ökosystem bereits vielfach beschädigt ist: Die neuen Projektionen sind aber ein Anlass zur Hoffnung, dass es gerade zur rechten Zeit noch gelungen ist, das Wachstum entscheidend zu bremsen, das Bevölkerungsmaximum herabzusetzen und damit der Menschheit eine Überlebenschance zu geben. Um dieses Ziel tatsächlich zu erreichen, müssen die Bemühungen der Bevölkerungs- und Entwicklungspolitik weltweit intensiviert werden.
Schlüsselwörter: Weltbevölkerung, Bevölkerungswachstum, Prognose, Projektion, Fertilität, Bevölkerungsverteilung, demographische Wende, Alterung

1. Das Bevölkerungsproblem

Mehr als sechs Milliarden Menschen leben nach der Weltbevölkerungsuhr des U. S. Bureau of Census seit dem 19. Juli und nach den Berechnungen der Vereinten Nationen seit dem 12. Oktober 1999 auf der Erde. In den nächsten hundert Jahren müssen für zwischen 10 und 18 Mrd. Personen, im Extremfall also dreimal so viele wie heute, menschenwürdige Lebensbedingungen geschaffen worden sein. Dieser hohe prognostizierte Bestand wird erreicht, obwohl die Zuwachsraten gleichzeitig – seit den 70er Jahren langsam, dann aber in den 90er Jahren mit erheblicher Verstärkung – weltweit und vor allem auch in den wenig entwickelten Ländern gesunken sind. Im deutlich erkennbaren Trend schnell und vielleicht noch schneller abnehmender Geburtenraten liegt ein begründeter Anlass zur Hoffnung: Es kann optimistisch gefolgert werden, dass „bald" auch die Gesamtzahl der Menschen nicht weiter steigen, sondern stagnieren und schließlich sogar abnehmen wird; es bestünde dann die Aussicht, dass diese Bevölkerung auch versorgt werden könnte und das Überleben der Menschheit weitestgehend gesichert wäre.

Die neuesten Bevölkerungsprojektionen der United Nations (1998a, b) gehen unter der Annahme bis 2055 auf das Ersatzniveau sinkender Fertilität (etwa 2 Kinder pro Frau) davon aus, dass spätestens um das Jahr 2200 mit um 11 Mrd. Menschen dieser Wendepunkt erreicht sein wird. Die Welt wird bis dahin, wie die regionale Betrachtung zeigt, noch deutlicher zweigeteilt sein. Den unterentwickelten, in ihrer Einwohnerzahl

Bevölkerungsentwicklung

noch sehr lange wachsenden und bevölkerungsreichen Regionen stehen dann hoch entwickelte, früh schrumpfende und bevölkerungsarme Länder gegenüber. Die Fragen, wie groß diese räumlichen Gegensätze, wie hoch die Einwohnerzahlen der einzelnen Länder, der Regionen und der Erde letztlich sein werden und welche der langfristigen Prognosen der tatsächlichen Entwicklung am nächsten kommen wird, sind völlig offen. Alles hängt davon ab, wie sich in den verschiedenen Staaten die sozialen, wirtschaftlichen, politischen, technologischen und medizinischen Bedingungen verändern und welche Rolle interregionale bzw. internationale Migrationen und die globale ökologische Situation spielen werden. Diese Faktoren sind ebenso wie die zukünftige individuelle Entscheidung von Paaren bzw. von Frauen über die „optimale" Zahl der eigenen Nachkommen aber für einen längeren Zeitraum nicht zu prognostizieren. Die Ergebnisse der Bevölkerungsvorausberechnungen sind damit zuerst eine Herausforderung an die Politik: Ihr fällt die Aufgabe zu, angesichts des noch lange anhaltenden Wachstums der Weltbevölkerung und begrenzter Ressourcen effektive „Überlebensstrategien" zu entwickeln.

2. Weltbevölkerungsprognose und Weltbevölkerungsprojektion

Die Bevölkerungsabteilung der Vereinten Nationen erarbeitet im zweijährigen Turnus mittelfristige Vorausberechnungen der Weltbevölkerung, zuletzt „The 1996 Revision", die mit dem neuen Basisjahr 1995 bis zum Jahre 2050 reicht (UN 1998a, zuvor Basisjahr 1990). Es hat sich gezeigt, dass diese Prognosen auch auf regionaler Ebene sehr genau sind, da neue Entwicklungen und aktuelle Daten sehr schnell in die Berechnungen einfließen können: So wurde in der neuesten Prognose die Zahl der einschneidend durch die Immunschwächekrankheit AIDS betroffenen Länder von 16 auf 28 erhöht (1994, 1996), ihre Bevölkerungsentwicklung gesondert kalkuliert, und unter anderem wurden Kriegsereignisse sowie Wanderungsströme berücksichtigt (vgl. UN 1998a, S. 53 ff., 81 ff.; vgl. HEUVELINE 1997). Die Zuverlässigkeit dieser Vorausberechnungen (cohort survival method) ist hoch, da ein großer Teil der Menschen ja bereits lebt und damit die Altersstruktur und auch die Zahl der Frauen im gebärfähigen Alter für diesen gesamten Zeitabschnitt von nur 55 Jahren recht genau bekannt bzw. zu berechnen sind; dies gilt gleichwohl für die Zahl der Sterbefälle. Weniger gesichert sind dagegen hauptsächlich die Annahmen über die Veränderung des generativen Verhaltens, das von den regional sehr unterschiedlichen kulturellen, gesellschaftlichen und wirtschaftlichen Bedingungen und ihrer zukünftigen Entwicklung in hohem Maße abhängig ist. So werden den kurzfristigen Prognosen und natürlich gerade den langfristigen Projektionen für jedes Land unterschiedliche Fertilitätsannahmen bei insgesamt steigender Lebenserwartung zugrunde gelegt (Mortali-

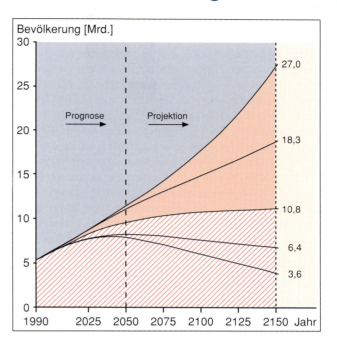

Fig. 1 Varianten der Prognose und Projektion der Weltbevölkerung bis zum Jahre 2150 (UN 1998a, 1998b)
Scenarios for prognosis and projection of world population size to 2150

tätsmodelle; vgl. UN 1998a, S. 90 f.). Diese Ergebnisse werden dann zu Regionen bzw. für die Weltbevölkerung aggregiert (Fig. 1).

Die mittlere Variante geht davon aus, dass nach einem mehr oder weniger langen Prozess ein Land die Fruchtbarkeitsrate von 2,1 (Kinder pro Frau, „replacement level") erreicht und beibehält. Bei der hohen Variante dagegen kann „pessimistischerweise" die Fertilität nicht bis zum Ersatzniveau gesenkt werden, sie bleibt bei 2,6 Kindern pro Frau stabil, während für die niedrige „optimistische" Version eine totale Fruchtbarkeitsrate weit unter dem Erhaltungsstand von nur 1,6 als Ergebnis angenommen wird. Die Länder mit einer Fruchtbarkeitsrate von bereits heute unter 2,1 nähern sich nach unterschiedlich langer Fortsetzung des jeweils aktuellen Trends den Zielwerten der verschiedenen Varianten an (mit ±0,1 pro Fünfjahreszeitraum). Die früheren Prognosen haben gezeigt, dass über eine Zeitspanne von 20 bis 25 Jahren die mittlere Variante bisher die genauesten Ergebnisse geliefert hat; so wird in der jüngsten Prognoseversion dementsprechend auch die „medium variant projection" von den beteiligten Demographen selbst als „most likely" bezeichnet und – wie auch im vorliegenden Beitrag – in den Vordergrund gestellt (UN 1998a, S. 4, S. 89; vgl. Fig. 1).

In sehr viel größeren Abständen wagt man sich an langfristige Bevölkerungsprojektionen, die jeweils bis zum Jahre 2150 reichen, wobei die letzte Zielprojektion auf der aktualisierten, gerade veröffentlichten Datenbasis der „1996er Revision" vorliegt (UN 1998b, vgl. World Bank 1990, UN 1992). Sie versteht sich für die Zeit nach 2050 weniger als eine recht sichere Prognose denn als eine Modellrechnung, die auf der Grundlage der aktuellen Trends und verschiedener demographischer Hypothesen die jeweils mögliche Weltbevölkerung ermittelt. Hierzu werden die oben angeführten drei Fertilitätsvarianten fortgeschrieben und durch zwei Zwischenversionen ergänzt, die jeweils nach 2025 von Fruchtbarkeitsraten ausgehen, die 10 % unter bzw. über dem Erhaltungsniveau liegen (Fig. 1). Darüber hinaus werden gewissermaßen als Kennwerte die Bevölkerungszahlen errechnet, die sich ergeben würden, wenn bis 2150 zum einen die aktuellen regionalen Fruchtbarkeitsraten (1990–1995) unverändert beibehalten werden könnten, zum anderen wenn überall die Fertilität sofort das Ersatzniveau erreichen würde. Damit werden insgesamt sieben Alternativen angeboten, deren Projektionsergebnisse für die Weltbevölkerung des Jahres 2150 eine doch bemerkenswert große Spannweite mit Werten von minimal 3,6 bis maximal 296,3 Mrd. (bei konstanter heutiger Fertilität) ergeben.

3. Die langfristige Entwicklung der Weltbevölkerung und Veränderungen in ihrer regionalen Verteilung

Die drei Prognosen auf niedrigem, mittlerem und hohem Fertilitätsniveau errechnen bis zum Jahre 2050 eine Weltbevölkerung von zwischen 7,7 und 11,2 Mrd. (Fig. 1), wobei die mittlere Variante mit beständig sinkenden jährlichen Wachstumsraten von tatsächlichen 1,48 % (1990–1995) über 1,12 % (2010–1015) und 0,70 % (2030–2035) bis 0,45 % (2045–2050) eine maximale Bevölkerung von 9,367 Mrd. erreicht, was einer Zunahme um 64,7 % entspricht (1995–2050). Der absolute Zuwachs wird dann von jährlich heute 81 Mio. Menschen auf zuletzt nur 41 Mio. nahezu halbiert worden sein. Damit hat die neueste Vorausberechnung der Vereinten Nationen die prognostizierte Gesamtzahl der Weltbevölkerung für das Jahr 2050 weiter nach unten revidiert. Ursprünglich ging die Projektion des Jahres 1992 von insgesamt 10,02 Mrd. (UN 1992) und die vor-

Fig. 2 Zustand, Prognose und Projektion der Weltbevölkerung und der Bevölkerung von Großräumen für drei Fruchtbarkeitsvarianten[1] (1990–2150; UN 1998a, 1998b)
Situation, prognosis and projection of world population and population of main regions for three fertility scenarios[1] (1990 – 2150)

Region	Zustand Bevölkerung [Mio.] 1990	1995	Veränderung 1990 bis 1995 [%]	Prognose und Projektion Bevölkerung [Mio.] 2000	2050	Veränderung 2000 bis 2050 [%]	Bevölk. [Mio.] 2100	Veränderung 2050 bis 2100 [%]	Bevölk. [Mio.] 2150	Veränderung 2100 bis 2150 [%]
Erde	5282	5687	7,7	6123	11156	82,2	174997	56,8	26979	54,2
				6091	9367	53,8	10414	11,2	10806	3,8
				6062	7662	26,4	5583	−27,1	3550	−36,4
Afrika	629	719	14,3	825	2408	191,9	4328	79,7	6873	58,8
				820	2046	149,5	2646	29,3	2770	4,7
				815	1731	112,4	1580	−8,7	1061	−32,8
Asien (gesamt)	3184	3438	8,0	3706	6501	75,4	9917	52,6	15191	53,2
				3689	5443	47,6	5851	−7,5	6059	3,6
				3673	4405	19,9	3038	31,0	1915	−37,0
China	1155	1220	5,6	1283	1765	37,6	2412	36,7	3467	43,7
				1276	1517	18,9	1535	1,2	1596	4,0
				1270	1198	−5,7	697	−41,8	397	−43,0
Indien	851	929	9,2	1011	1885	86,5	2968	57,5	4736	59,6
				1007	1533	52,2	1617	5,5	1669	3,2
				1003	1231	22,7	820	−33,4	510	−37,8
Europa	722	728	0,8	732	742	1,4	945	−27,4	1379	45,9
				729	638	−12,5	579	−9,2	595	2,8
				727	538	−26,0	277	−48,5	137	−50,5
Nordamerika	282	297	5,3	311	452	45,3	644	42,5	950	47,5
				309	384	24,3	401	4,4	414	3,2
				307	301	−2,0	191	−36,5	112	−41,4
Lateinamerika u. Karibik	438	477	8,9	520	1001	92,5	1585	58,3	2470	55,8
				515	810	57,3	889	9,8	916	3,0
				512	650	27,0	471	−27,5	307	−34,8
Ozeanien (mit Australien)	26	28	7,7	30	53	76,7	78	47,2	115	47,4
				30	46	53,3	49	6,5	51	4,1
				28	37	32,1	26	−29,7	17	−34,6

[1] Oben: hohe Variante, Mitte: mittlere Variante, unten: niedrige Variante

hergehende Prognose aus dem Jahre 1994 von 9,6 Mrd. Menschen aus (UN 1995).

Andere, weniger beachtete Prognosen kommen zu deutlich abweichenden Ergebnissen. So ergeben die Berechnungen von LUTZ (1996, International Institute for Applied Systems Analysis), der jeweils drei unterschiedliche Fertilitäts- und Mortalitätsannahmen miteinander kombiniert und nicht individuelle Länderdaten, sondern „homogene Regionen" zugrunde legt, für 2050 eine Weltbevölkerung von zwischen 7,103 und 13,3 Mrd. Seine mittlere Variante prognostiziert eine Bevölkerungszahl von 9,874 Mrd. und liegt damit für eine Zeitspanne von nur 55 Jahre um mehr als eine halbe Milliarde Menschen über dem Resultat der United Nations (vgl. auch BIRG 1995).

Schreibt man diese Entwicklung der mittleren Fertilitätsannahme über das Jahr 2050 hinaus fort, dann werden in der langfristigen Projektion der Vereinten Nationen aufgrund der verzögerten Auswirkungen der erst zuletzt abnehmenden jungen Jahrgänge im Jahre 2100 nur 10,4 Mrd. und 2150 insgesamt 10,8 Mrd. Menschen die Erde bewohnen, d. h., in den letzten 100 Jahren würde die Weltbevölkerung nur noch um 15,4 % wachsen. Nicht zu vergessen ist, dass die Eintrittswahrscheinlichkeit dieser herausgehobenen Variante nicht höher ist als die der übrigen Projektionen; bereits die noch nahebei liegende nächsthöhere Alternative mit einer Fertilitätsrate von insgesamt nur 10 % über dem Ersatzniveau ergibt schon mit 18,3 Mrd. Menschen eine um 70 % größere Bevölkerung der Erde (Fig. 1 und 2).

Das sehr unterschiedliche regionale Wachstum führt im kurzen, recht genau vorauszuberechnenden Zeitraum der nächsten 55 Jahre zu beachtlichen großräumlichen Gegensätzen: Die Bevölkerung Afrikas verdreifacht sich nahezu, sie wächst um 185 %, gefolgt von Lateinamerika mit nur 69,8 %. Asiens Gesamtbevölkerung steigt gleichzeitig um 58,3 % an, hier wird zwischen 2030 und 2035 Indien mit um 1,5 Mrd. China überflügelt haben und dann das menschenreichste Land sein. Während die Einwohnerzahl Nordamerikas bis dahin noch um 29,3 %

Fig. 3 Marktszene in Freetown, Sierra Leone. Für Afrikas Bevölkerung wird weltweit das höchste Wachstumstempo erwartet – es ist in den nächsten 50 Jahren mit einer Verdreifachung auf mehr als 2 Mrd. Menschen zu rechen (Foto: WAGNER 1982).
Market scene in Freetown, Sierra Leone. The world-wide highest population growth rate is expected for Africa – the population is likely to triple to 2 billion over the next 50 years (Photo: WAGNER 1982).

Fig. 4 Die regionale Bevölkerungsentwicklung wird durch Wanderungen beeinflusst. Im Bergland Espirito Santos (Brasilien) zeichnen sich noch heute die Nachfahren deutscher Auswanderer des 19. Jh. durch besonders hohe Geburtenraten aus – Bauernfamilie mit sieben ihrer insgesamt zwölf Kinder (Foto: STRUCK 1995).
The regional population development is affected by migrations. The descendants of German immigrants that settled in the Espirito Santos Mts. (Brazil) in the 19th century are still characterized by an especially high birth rate – peasant's family with seven of their total of twelve children (Photo: STRUCK 1995).

wächst, ist die Bevölkerung Europas schon um 90 Mio. Personen oder um 12,4 % geschrumpft (Fig. 2). Dementsprechend ist die Bevölkerungszahl der „mehr entwickelten Regionen" um insgesamt 10 Mio. gesunken (–0,9 %, 2050: 1,161 Mrd.); die „weniger und am wenigsten entwickelten Staaten" dagegen werden einen Zuwachs um 93 % oder 4,743 Mrd. Menschen zu verkraften haben (2050: 9,837 Mrd.; UN 1998a, S. 408 ff.:

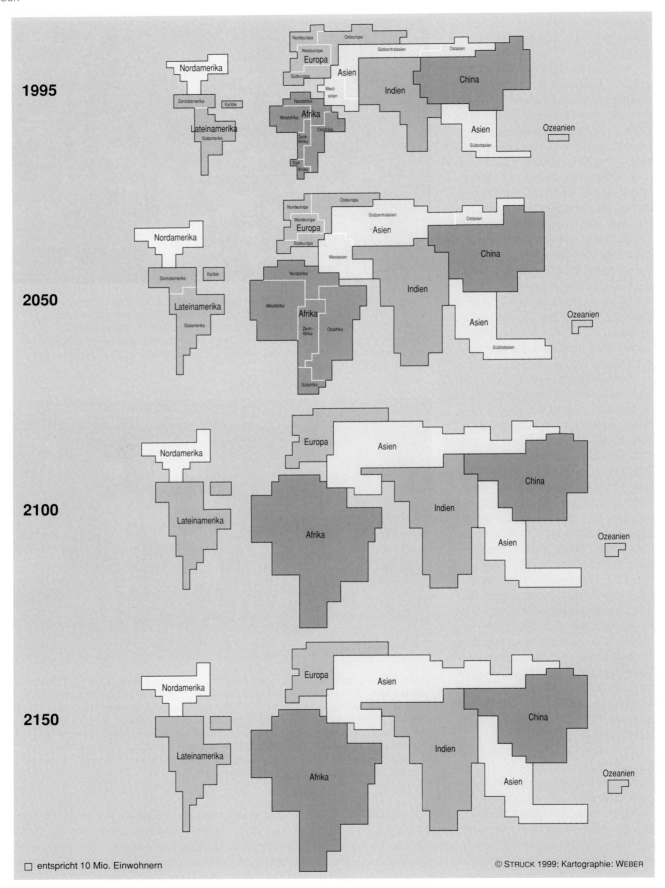

Fig. 5 Isodemographische Karten: Regionale Verteilung der Weltbevölkerung 1995 bis 2150 (UN 1998a, 1998b – mittlere Variante)
Isodemographic maps: Regional distribution of world population 1995 to 2150 (UN 1998a, 1998b – medium fertility scenario)

"mehr entwickelte Regionen": Nordamerika, Europa, Japan, Australien/Neuseeland).

Diese gewaltige Bevölkerungszunahme Afrikas, Lateinamerikas und Asiens findet statt, obwohl die Mortalität durch AIDS hier gerade in den jungen Altersgruppen deutlich erhöht ist. Von den 28 Entwicklungsländern mit hohen HIV-Infektionsraten, die laut Weltgesundheitsbehörde (WHO) von weltweit 79 % aller Fälle betroffen sind, befinden sich allein 24 in Afrika. Die Bevölkerung dieser afrikanischen Länder wird sich zwischen 1995 und 2050 verdreifachen, sie wächst von 252 auf 759 Mio. an. AIDS hat hier damit zu einer um 6,4 % oder um 52 Mio. geringeren Bevölkerung geführt. Indien und Thailand werden zusammen 22 Mio. (–1,5 bzw. –10,7 %), Brasilien und Haiti insgesamt 2,7 Mio. weniger Menschen haben (–0,7 bzw. –5,2 %; UN 1998a, S. 53 ff., HEUVELINE 1998).

Fig. 6 Schulkinder in Peking. Die Bevölkerung Asiens wird sich bis zum Jahr 2050 auf ca. 5,4 Mrd. Menschen verdoppeln – mehr als die Hälfte der Weltbevölkerung lebt im asiatischen Raum (Foto: MCINTYRE).
School children in Beijing. The population of Asia is likely to double to 5.4 billion by 2050 – more than half of the world's population lives in Asia (Photo: MCINTYRE).

Die isodemographischen Karten (Fig. 5) veranschaulichen die räumliche Entwicklung der Prognose und der anschließenden Projektion bis 2150 im Detail. Europas Anteil an der Weltbevölkerung wird von 12,8 % (1995) bis zum Jahre 2050 auf fast die Hälfte sinken (6,8 %) und zuletzt voraussichtlich nur noch 5,5 % (2150) betragen. Im selben Zeitraum wächst dagegen Afrikas Anteil, der gegenwärtig mit 12,6 % noch fast ebenso groß ist wie der Europas, auf 21,8 % (2050) und dann weiter bis auf ein Viertel der Gesamtbevölkerung an (2150: 25,6 %). Der weitaus größte Teil der Menschheit wird heute wie auch in 155 Jahren in Asien (einschließlich China und Indien) leben, doch soll er beständig von 60,5 % über 58,1 % (2050) bis auf 56,1 % (2150) abnehmen (Fig. 2). Voraussetzung für die dargestellte regionale Verteilung ist die in keiner Weise zwingende Annahme, dass es langfristig nicht zu größeren räumlichen Ausgleichsbewegungen, zu interregionalen und internationalen Wanderungen, kommen wird. Gerade derartige weiträumige Migrationen, die sehr wahrscheinlich durch den zunehmenden Bevölkerungsdruck mit Verknappung der Ressourcen in einzelnen Regionen erzwungen werden, können aus der Sicht der entwickelten, weitaus bevölkerungsärmeren Länder als zukünftige Gefahr angesehen werden.

4. Die tatsächliche und prognostizierte Entwicklung der Fertilität

Die Fertilitätsannahmen sind, wie oben bereits dargestellt, die Basis für die Prognosen und ganz entscheidend vor allem für die langfristigen Projektionen. Die totale Fruchtbarkeitsrate (TFR) ist weltweit seit den 60er Jahren von 5,0 bis auf 3,0 Kinder pro Frau (1990 bis 1995) gefallen (Fig. 7), wobei sie sich in den entwickelten Ländern um 1,0 und in den stark wachsenden weniger entwickelten Ländern sogar um 2,7 Kinder verringert hat (1990–1995: 1,7 bzw. 3,3; UN 1998a; vgl. ROBEY et al. 1997, BÄHR 1994, BÄHR & GANS 1991). Im Vergleich der Fünfjahresabschnitte hatte sich die Geschwindigkeit des Rückganges von –12,5 % (1970 bis 1975 zu 1975–1980) in den folgenden Phasen über –8,7 % und –6,1 % aber deutlich verlangsamt. So wurde die sprunghafte Abnahme um –11,9 % im Vergleich 1985–1990 zum letzten Quinquennium 1990 bis 1995 auch in der Öffentlichkeit diskutiert und zum Teil als „Entwarnung" missverstanden (Fig. 7 und 8). Die größten Veränderungen fanden aber nicht in Afrika, sondern in Teilen Asiens, z.B. in China (–22,0 %) und Indien (–16,7 %) sowie in Osteuropa (–23,8 %) statt.

Die Prognose der Vereinten Nationen auf der Grundlage der 1995er Daten sieht bis zum Jahre 2050 für die mittlere Fertilitätsvariante die Abnahme bis auf 2,09 Kinder pro Frau, also im weltweiten Durchschnitt auf das Ersatzniveau vor (Fig. 7). Im Jahre 1996 lag in Regionen mit insgesamt 3,277 Mrd. Menschen (139 Länder) die Fertilität über dem Ersatzniveau, für erst 2,488 Mrd. (45 Länder) darunter. So werden zwischen 2000 und 2015 zuerst u.a. Brasilien, Indonesien, Malaysia, Indien, Ägypten, Marokko, Tunesien, Türkei und Israel das Ersatzniveau erreichen, während erst zuletzt zwischen 2035 und 2045 z.B. Guatemala, Paraguay, Saudi-Arabien, Afghanistan, Mali, Niger, Angola, Kongo, Uganda, Somalia, Mosambik oder Namibia folgen können (UN 1998a, S. 93 ff.).

Die Geburtenzahl ist bis zum Beginn der 90er Jahre überaus schnell gewachsen, in der zweiten Hälfte der 80er Jahre um durchschnittlich 7,7 Mio. mehr pro Jahr

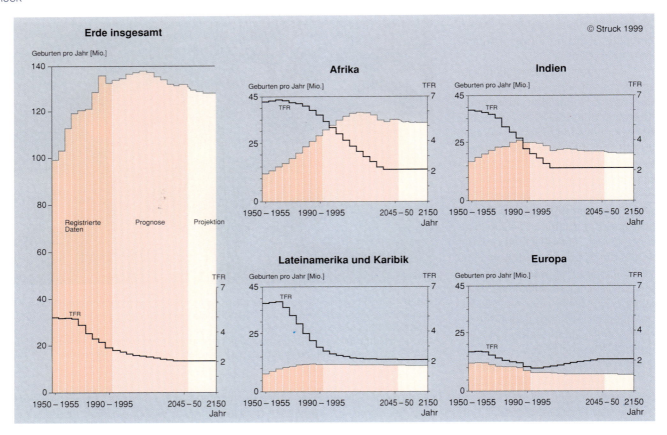

Fig. 7 Totale Fertilitätsraten (TFR) und Geburtenzahl der Erde und ausgewählter Regionen 1950–2150
(UN 1998a, 1998b – mittlere Variante)
Total fertility rate and number of births for the world and for selected regions 1950–2150 (UN 1998a, 1998b – medium fertility scenario)

als im vorausgegangenen Fünfjahreszeitraum. Dieser Trend setzte sich aber nicht fort. Erstmals in der globalen Bevölkerungsentwicklung wurden zwischen 1990 und 1995 deutlich weniger Kinder geboren: Die jährliche Zunahme hatte sich mehr als halbiert (Fig. 7), und es wurden nur 660,5 Mio. Geburten registriert, 17,2 Mio. weniger als in den fünf Jahren zuvor (1985–1990 zu 1990–1995). Die neuen Prognosen haben diese jüngste Entwicklung berücksichtigt. Dabei gehen die Demographen nicht von einem weiteren Rückgang, sondern von einem nun sehr viel langsameren Anstieg der Geburten bis 2015–2020 aus; dann wird bei jährlich 137 Mio. Neugeborenen das Maximum erreicht sein. Hervorzuheben ist, dass sich diese Berechnungen für die Weltbevölkerung aus ganz unterschiedlichen regionalen Trends zusammensetzen, wobei vor allem der prozentuale Anteil der Länder mit hoher Fertilität, der weniger entwickelten Regionen also, deutlich zunehmen wird. So wächst zum Beispiel der Weltbevölkerungsanteil der 50 Länder Afrikas südlich der Sahara („sub-Saharan Africa"), wo die höchsten Fertilitätsraten mit 6,38 und zuletzt noch 6,14 (1985–1990 bzw. 1990–1995) registriert wurden, von 11,1 % auf 19,1 % an (1995, 2050). Darüber hinaus werden innerhalb dieses Raumes nochmals erhebliche regionale Unterschiede wirksam; so reicht die Spannweite von 6,44 in Zentralafrika bis zu „nur" 4,21 im südlichen Afrika (1990–1995). Angesichts noch derart hoher tatsächlicher Fruchtbarkeitsraten stellt sich die grundsätzliche Frage, ob hier oder in den anderen vergleichbaren Regionen in so kurzer Zeit tatsächlich der prognostizierte und den Berechnungen zugrunde gelegte Rückgang auf 2,1 Kinder pro Frau bis zum Jahre 2050 möglich sein wird (Fig. 7). Würde allein für diesen Teil Afrikas die hohe Variante (2,6 Kinder) zutreffen, dann läge die Bevölkerungszahl um 307 Mio. über der mittleren Prognose, und es würden dann 1,51 Mrd. Menschen mehr als heute in diesem Großraum leben. Gerade hier zeigt sich sehr deutlich, dass, um den Zuwachs nur wenig bremsen zu können, in derartigen Regionen die Fertilität überaus rasch auf das Ersatzniveau sinken muss, während sie natürlich in den Gebieten, die diesem Wert bereits nahe gekommen sind, gleichzeitig nicht ansteigen darf (Fig. 7).

BIRG (1995, 1997) hat gezeigt, dass ein unterschiedlicher Verlauf des Fertilitätsrückganges bis zum Ziel von 2,1 Kindern pro Frau ganz entscheidend die maximale Größe der Weltbevölkerung bestimmt. Obwohl nach Erreichen des Ersatzniveaus die Fertilität als konstant angenommen wird, wächst ja die Menschheit noch bis zu 100 Jahre lang weiter, um dann in ihrer Zahl und demographischen Zusammensetzung gleich zu bleiben. Es kann z. B. angenommen werden, dass zwar die Fertilität von einem hohen Wert zuerst schnell abnehmen kann, es dann aber auf einem niedrigeren Niveau äußerst schwierig sein wird, die Rate weiter zu senken. Besonders in weniger entwickelten Ländern mit unzureichenden sozialen Sicherungssystemen, deren Anteil ja gleichzeitig beständig wächst (2100 voraussichtlich bis auf 90 %), werden die Menschen es nicht als hinreichend ansehen, nur zwei Kinder zu ihrer späteren Versorgung zu haben (hyperbelförmige Verlaufskurve). Unter den gleichen Bedingungen ist auch ein zuerst langsamerer, sich dann beschleunigender und zuletzt wieder abnehmender Verlauf der Fertilitätsentwicklung ebenso wahrscheinlich (s-förmige Abnahme). Geht man davon aus, dass das Ersatzniveau im Jahre 2060 erreicht werden kann, dann würde aber der Unterschied zwischen dem hyperbel- und dem s-förmigen Verlauf für die maximale Weltbevölkerung immerhin 3 Mrd. Menschen weniger bedeuten; wird dieses Ziel erst 20 Jahre später erreicht, dann wächst die Differenz auf 6 Mrd. an. Daraus ergibt sich, dass keine Zeit verloren gehen darf, da die Endbevölkerung durch schnelle Erfolge bei der Familienplanung und der Fertilitätsreduktion am effektivsten verringert werden kann (Hyperbel). „Um das heute Versäumte nachzuholen, bedarf es später um so größerer Anstrengungen" (BIRG 1997, S. 51). Bisher ließ der sich bis 1995 beständig abschwächende Fertilitätsrückgang eher auf einen folgenden s-förmigen Verlauf schließen, die neueste Entwicklung aber, die weltweit plötzlich eine sehr schnelle Abnahme der Geburten zeigt, markiert vielleicht den Beginn einer zukünftig hyperbelförmigen Fertilitätskurve und gibt damit Hoffnung auf eine insgesamt geringere Maximalbevölkerung unserer Erde.

Region	Zustand 1985–1990	1990–1995	Veränderung [%] 1985/1990–1990/1995	Prognose[1] 2015–2020	2145–2150	Projektion[1] 2145–2150
Erde	3,36	2,97	−11,9	2,81 / 2,40 / 1,94	2,57 / 2,09 / 1,56	2,58 / 2,07 / 1,58
Afrika	6,04	5,71	−5,0	4,09 / 3,65 / 3,24	2,57 / 2,10 / 1,57	2,60 / 2,06 / 1,60
Asien	3,39	2,84	−20,8	2,63 / 2,21 / 1,73	2,57 / 2,10 / 1,57	2,60 / 2,07 / 1,60
China	2,46	1,92	−22,0	2,33 / 2,01 / 1,50	2,50 / 2,10 / 1,60	2,50 / 2,09 / 1,50
Indien	4,07	3,39	−16,7	2,60 / 2,10 / 1,60	2,60 / 2,10 / 1,60	2,60 / 2,08 / 1,60
Europa	1,83	1,57	−11,1	1,97 / 1,67 / 1,34	2,45 / 2,03 / 1,35	2,50 / 2,06 / 1,35
Nordamerika	1,89	2,02	5,3	2,42 / 2,08 / 1,50	2,50 / 2,10 / 1,50	2,50 / 2,06 / 1,50
Lateinamerika u. Karibik	3,33	2,93	−12,1	2,69 / 2,22 / 1,73	2,60 / 2,10 / 1,60	2,60 / 2,06 / 1,60
Ozeanien (mit Australien)	2,51	2,51	0,0	2,65 / 2,31 / 1,78	2,54 / 2,10 / 1,54	2,54 / 2,06 / 1,54
Mehr entwickelte Länder	1,83	1,68	−8,2	1,07 / 1,80 / 1,40	1,20 / 2,05 / 1,41	k. A.
Wenig entwickelte Länder	3,81	3,30	−13,4	2,93 / 2,50 / 2,03	2,58 / 2,10 / 1,58	k. A.
Am wenigsten entw. Länder	5,99	5,54	−7,5	4,13 / 3,68 / 3,26	2,60 / 2,10 / 1,60	k. A.

[1] Oben: hohe Variante, Mitte: mittlere Variante, unten: niedrige Variante

Fig. 8 Zustand, Prognose und Projektion der Totalen Fruchtbarkeitsraten (TFR) für die Weltbevölkerung, die Bevölkerung von Großräumen und der „Regionen nach Entwicklungsstand" (1985–2150; UN 1998a, 1998b)
Situation, prognosis and projection of total fertility rates (TFR) of world population and population of main regions and of "regions by development" (1985–2150)

5. Die Altersstruktur

Das beschriebene, noch sehr lang anhaltende Wachstum der Weltbevölkerung liegt trotz der abnehmenden Fertilitäts- und Geburtenraten an der jungen Alterszusammensetzung und der weiterhin zunehmenden Lebenserwartung. Die Darstellung der prognostizierten Geburten (Fig. 7) hat gezeigt, dass sie in der mittleren Fertilitätsvariante noch bis 2015–2020 weltweit steigen werden; so wächst die absolute Zahl der jüngsten Jahrgänge (0–4 Jahre) von 611,6 auf 659,8 Mio. (1995 bis 2020) an, um dann sehr viel langsamer auf 646,4 Mio. im Jahre 2050 zu sinken (2150: 632,3 Mio.). Die Kinder und Jugendlichen der nächste Altersgruppe (5–14 Jahre) nehmen dagegen noch ununterbrochen

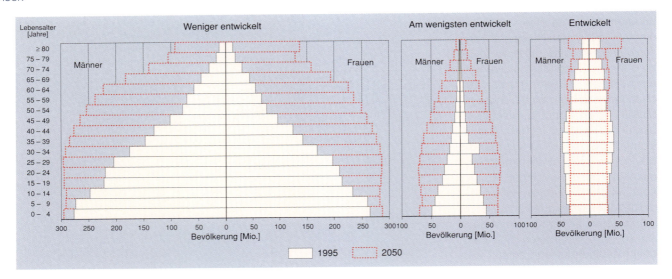

Fig. 9 Bevölkerungspyramiden der „Regionen nach Entwicklungsstand" 1995 und 2050 (UN 1998c – mittlere Variante)
Age structure of population in "regions by development" 1995 and 2050 (UN 1998c – medium fertility scenario)

von 1,171 auf 1,274 Mrd. zu (1995–2050; UN 1998b); ihre Zahl sinkt erst später (2100: 1,267 Mrd.). Daraus folgt, dass aufgrund der breiten Bevölkerungsbasis die Anzahl der potentiellen Mütter und Väter noch lange sehr hoch sein wird. Selbst wenn sich diese junge Generation insgesamt zu deutlich weniger Nachwuchs entscheiden sollte, würde der zu erwartende Geburtenrückgang ohne Zweifel durch die wachsende Zahl der Frauen (im gebärfähigen Alter) ausgeglichen.

Die beschriebene Entwicklung wird im Vergleich der Bevölkerungspyramiden 1995 und 2050 der „weniger und am wenigsten entwickelten Regionen" leicht sichtbar, nehmen doch die mittleren Jahrgänge beachtlich zu (Fig. 9: Bauch der Pyramide). Ganz anders dagegen die absolute Zahl der Jungen (0–14 Jahre) in den „weiter entwickelten Ländern": Sie ist hier zwischen 1985 und 1995 bereits um 8,9 Mio. auf insgesamt 229,6 Mio. gesunken und wird um weitere 32,1 Mio. bis zum Jahre 2050 abnehmen. In diesen Ländern verringert sich ganz entsprechend dann auch die Zahl der potentiellen Eltern. Zu diesem Zeitpunkt wird den 197,5 Mio. Kindern und Jugendlichen in den „mehr entwickelten Ländern" die 8,7fache Anzahl von Altersgenossen, nämlich 1,723 Mrd., in den „weniger entwickelten Regionen" gegenüberstehen. Die Projektion ergibt dann, nach erreichtem Ersatzniveau, einen beständigen Rückgang der jungen Altersgruppen (vgl. Fig. 10).

Ganz dramatisch wird die Altersstruktur in allen Ländern durch das schnelle und beständige Anwachsen der alten Bevölkerung verändert. Die weltweite Lebenserwartung (bei Geburt) ist bis 1995 in den vergangenen zehn Jahren für Männer um 2,8 Jahre (62,2) und für Frauen um 3,2 Jahre (66,5) gestiegen. Bei weiterer Verbesserung der Lebensbedingungen vor allem in den bisher „weniger entwickelten Regionen" wird für das Jahr 2050 prognostiziert, dass im Durchschnitt Männer 73,8 und Frauen 78,8 Jahre alt werden. In den folgenden 100 Jahren kann die Lebenserwartung dann noch um fast 10 Jahre erhöht werden (83,4 und 88,2). Die heute bestehenden krassen regionalen Unterschiede sollen bis dahin erheblich geringer geworden sein: So wird man in den Ländern Afrikas südlich der Sahara die Lebenserwartung trotz der hier weltweit höchsten AIDS-Infektionsraten in diesem Zeitraum um 21,1 bzw. 22,0 Jahre (Männer/Frauen) verlängern können. Sie beträgt heute nur 48,0 bzw. 51,1 Jahre gegenüber z. B. 73,2 und 80,2 Jahre in Westeuropa, wo aber gleichzeitig die Lebenserwartung noch um weitere 5,7 bzw. 5,1 Jahre ansteigen wird. Die Lebenserwartung in diesen Regionen wird sich bis zum Jahre 2150 noch nicht angeglichen haben, sie liegen dann aber sehr viel näher beieinander (Afrika/Europa: Männer 81,7/85,1; Frauen 86,2/91,3 Jahre).

Das Altern der Weltbevölkerung, das „Demographic Ageing", drückt sich im wachsenden Medianwert der Alterszusammensetzung aus, der von 25,4 (1995) in den nächsten 55 Jahren auf 36,5 und weiter auf 42,9 (2150) erhöht werden wird. Die Diagramme der Altersstruktur für die Weltbevölkerung insgesamt und zum regionalen Vergleich machen diesen Wandel unmittelbar deutlich (Fig. 10). In der Weltbevölkerung wird nach der mittleren Variante der Anteil der Jungen (unter 15 Jahre) von 31,4 % über 20,5 % auf zuletzt 17 % sinken (1995–2050–2150), während aber gleichzeitig der Altenanteil (über 60 Jahre) anwächst, zuerst wenig rasch von 9,5 % auf 20,7 %, dann beschleunigt auf 30 %. Noch klarer zeigt sich das, wenn man die Zahl der Hochbetagten (über 80 Jahre) herausnimmt, die weltweit von 61 Mio. (1995) über im Jahre 2050 bereits 321 Mio. auf 1,06 Mrd (2150) ansteigen wird: Es kommt also zu einer ganz erheblichen „Alterung der Alten" (1995: 1,1 %; 2150: 9,8 %). Insgesamt wird zwischen 1995 und 2150 gewissermaßen der Anteil der Jungen durch den der Alten ersetzt (Fig. 10: Entwicklung).

Wie die Abbildungen zur Altersstruktur belegen, bestehen beträchtliche regionale Unterschiede, die sich

Die Weltbevölkerung zum Beginn des 21. Jahrhunderts

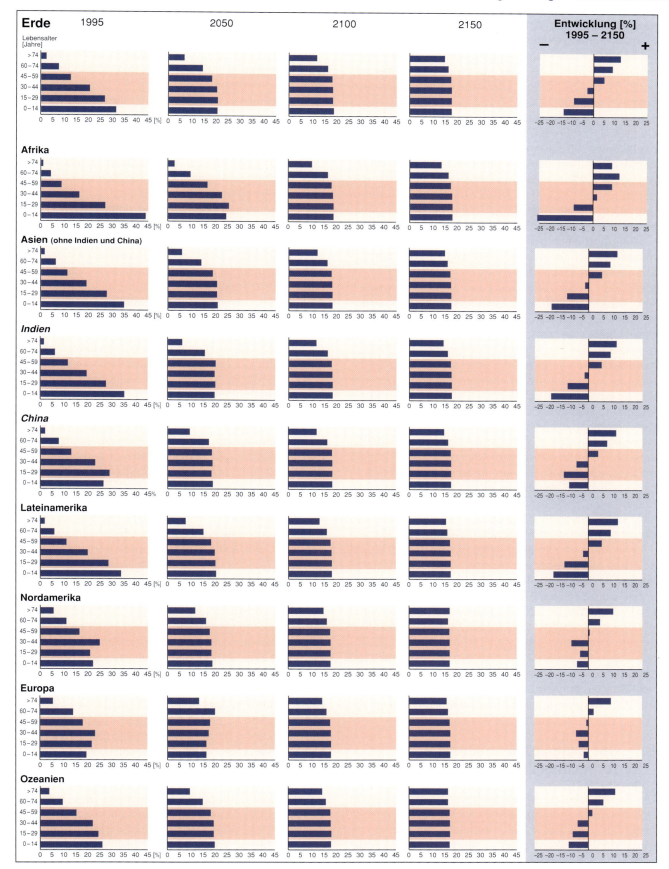

Fig. 10 Die Veränderung der Alterszusammensetzung der Weltbevölkerung und der Bevölkerung der Großregionen zwischen 1995 und 2150 (UN 1998a, 1998b, 1998c – mittlere Variante). Entwurf: E. STRUCK
Change of age distribution of world population and the population of main regions between 1995 and 2150 (UN 1998a, 1998b, 1998c – medium fertility scenario). Draft: E. STRUCK

© 2000 Justus Perthes Verlag Gotha GmbH

natürlich unter der Annahme bis 2050 überall auf das Ersatzniveau sinkender Fertilität zum Projektionsende hin verringern bzw. ausgleichen müssen. Nimmt man das Verhältnis von alten zu jungen Menschen (über 60/ unter 15; in Fig. 10 hervorgehoben), dann ergibt sich entsprechend der Alterung der Gesamtbevölkerung eine schnelle Verschiebung zu den Alten hin, die weltweit von 3,3/1 (Junge/Alte) auf nur noch 0,99/1 in den nächsten nur 55 Jahren sinken wird. Heute reicht in den dargestellten Regionen die Spannweite von 8,76/1 für Afrika bis 1,02/1 in Europa dabei wird bis 2050 das Verhältnis auf 2,05/1 in Afrika abnehmen, in Europa und Nordamerika überwiegen dann bereits die Alten bei weitem (0,49/1 bzw. 0,68/1).

Aufgrund eines geringen bzw. hohen Lebensalters müssen immer Teile der Bevölkerung von den übrigen Mitmenschen versorgt werden. In welchem Alter die Menschen in der Regel ganz auf sich selbst gestellt sind, hängt von der jeweiligen wirtschaftlichen, sozialen und kulturellen Situation ab; nur in Ländern mit gemeinschaftlichen sozialen Versorgungs- und Sicherungssystemen sind hierfür Altersgrenzen genauer festgelegt. Zum Vergleich der unterschiedlichen Belastung der mittleren, erwerbsfähigen Altersgruppen bedarf es einheitlicher Schwellenwerte: Werden eine umfassende Bildung der Jungen und eine frühzeitige Altersversorgung als weltweites soziales Ziel angesehen, dann müssten etwa alle Menschen unter 15 und über 65 Jahre von der Bevölkerung im Alter zwischen 15 und 65 mit versorgt werden. Hier kommt es, global gesehen, in den nächsten 55 Jahren insgesamt zu einer deutlichen Entlastung: Die Belastungsquote der Weltbevölkerung sinkt nämlich von 61,0 auf 55,3 (1995–2050). Sie verringert sich in Afrika um nahezu die Hälfte von 88,7 auf 47,3, in Asien und Lateinamerika um 6 % bzw. 8 % (auf 55,5 und 58,2), dagegen steigt sie in Europa gleichzeitig fast um die Hälfte von 49,0 auf 72,4 und in Nordamerika um 27 % auf 67,0 an. In den mehr entwickelten Ländern wächst die abhängige Bevölkerung und damit die Belastungsquote (von 49,5 auf 71,5), während sie in diesem Zeitraum in den weniger entwickelten Regionen abnimmt (von 64,2 auf 53,4; Fig. 9). Im Jahre 2150 schließlich wird bei einer überall nahezu ausgeglichenen Bevölkerungsstruktur die Belastungsquote weltweit 73,9 betragen (Europa 72,4 und Afrika 71,5; Fig. 10).

6. Das Ende des Wachstums – zur rechten Zeit?

Die Ressourcen zur Versorgung der Weltbevölkerung sind begrenzt, und das Ökosystem ist bereits vielfach beschädigt. Als Folge der beschriebenen und zu erwartenden Bevölkerungsentwicklung werden sich die Lebensbedingungen der Menschen überall ganz erheblich verändern, für den weitaus größten Teil der Menschheit – dies ist sicher – werden sie sich verschlechtern. Dabei wird noch häufig nach der möglichen maximalen Bevölkerungszahl der Erde, ihrer Tragfähigkeit, gefragt werden (vgl. z.B. Brown & Kane 1995: „Full House"). Hauptsächlich Verhaltensänderungen, individueller und kollektiver Art, der Natur und dem Mitmenschen (dem Ökosystem) gegenüber werden darüber entscheiden, wie groß die Weltbevölkerung letztlich sein wird und ob sie hinreichend versorgt werden kann.

Die für jeden sichtbare umfangreiche Abnahme der jungen Bevölkerung in den (hoch) entwickelten Ländern – sie verhindert das Nachwachsen potentieller Eltern – führt „unabänderlich" zur Schrumpfung bei gleichzeitiger Überalterung. Hier stellt sich die fundamentale Zukunftsfrage, wie man unter diesen Bedingungen nicht nur gemeinschaftliche soziale Versorgungssysteme, sondern auch das Wirtschaftssystem aufrechterhalten kann. So wird die Belastungsquote z.B. in Deutschland nach der sehr wahrscheinlichen mittleren Prognosevariante in nur einer Generation von 45,4 auf 76,7 ansteigen (1995–2050; Deutscher Bundestag 1998). Für die entwickelten Länder werden zum demographischen, sozialen und ökonomischen Ausgleich sowie zur Aufrechterhaltung ihres Entwicklungsstandes Zuwanderung bzw. Einwanderung und die Lösung der mit ihr verbundenen vielfältigen Probleme überlebenswichtig werden.

In den weniger entwickelten und stark wachsenden Ländern dagegen, die den größten Anteil an der Weltbevölkerung haben, nimmt die Zahl der Menschen in den erwerbsfähigen mittleren Altersgruppen noch zu. Sie sind dadurch entlastet und könnten dieses Potential für die Lösung ihrer Zukunftsaufgaben nutzen, ihnen fehlt es aber hauptsächlich an Kapital und Know-how, um von diesem „demographischen Bonus" zu profitieren. Werden hier nicht sehr schnell die Geburtenraten verringert und keine ausreichenden Möglichkeiten für den Erwerb des Lebensunterhalts innerhalb dieser Regionen geschaffen, wird also keine positive und nachhaltige Entwicklung in Gang gebracht, dann werden räumliche Ausgleichsbewegungen „not"-wendig, und der Zuwanderungsdruck auf die entwickelteren Länder wird anwachsen. Humanitäre Hilfsaktionen, wie sie bisher üblich sind, werden dann nicht einmal im Ansatz zur Lösung der heranwachsenden Probleme beitragen.

Die Projektion der „1989–1990 Edition" (World Bank 1990) errechnete für das Jahr 2100 eine Weltbevölkerung von 11,5 Mrd. Menschen – nach der jüngsten Entwicklung mit sehr viel schneller gesunkenen Geburtenzahlen kommen die Prognosen und Projektionen der Vereinten Nationen (UN 1998a, b) nun auf nur 10,4 Mrd. und sehen die „demographischen Wende" um das Jahr 2200 bei 11 Mrd. voraus. Das Ende des Bevölkerungswachstums ist danach deutlich näher gerückt. Diese neuen Berechnungen geben Hoffnung, dass die Menschheit in dieser Dimension auf unserer Erde überleben kann. Sie sind aber keinesfalls als Entwarnung zu verstehen, setzen sie doch einen sehr schnellen und anhaltenden Geburtenrückgang gerade in den weniger entwickelten Regionen voraus; vielmehr müssten gerade jetzt die Bemühungen der Bevölkerungs- und Entwicklungspolitik weltweit verstärkt werden. Erst die tatsächliche Entwicklung der Weltbevölkerung in den ersten Jahrzehnten des 21. Jh. wird uns zeigen, ob es gerade noch zur rechten Zeit gelungen ist, das zukünftige Wachstum entscheidend gebremst, das Bevölkerungsmaximum damit weiter herabgesetzt und der Menschheit eine wirkliche Chance für die Zukunft eingeräumt zu haben.

Literatur

Bähr, J. (1997): Bevölkerungsgeographie. Stuttgart.
Bähr, J. (1994): Frauen in der Weltbevölkerung. Geographische Rundschau, **46**: 174–180.
Bähr, J., & P. Gans (1991): Geographical Approach to Fertility. Kiel.
Birg, H. (1995): World Population Projections for the 21st Century – Theoretical Interpretations and Quantitative Simulations. Frankfurt a. M., New York.
Birg, H. (1996): Die Weltbevölkerung. Dynamik und Gefahren. München.
Birg, H. (1997, 1994): Die Eigendynamik des Weltbevölkerungswachstums. In: Meusburger, P. [Hrsg.]: Anthropogeographie. Spektrum der Wissenschaft, Heidelberg, 46–54.
Birg, H., Fritsch, B., & V. Hösle (1995): Population, Environment and Sustainable Livelihood. Bielefeld.
Bongaarts, J. (1994): Can the Growing Human Population Feed Itself? Scientific America, **270** (3): 36–42.
Brown, L. R., & H. Kane (1995): Full House. Reassessing the Earth's Population Carrying Capacity. London.
Cleland, J. (1996): Population Growth in the 21st Century: Cause for Crisis or Celebration? Tropical Medicine and International Health, **1** (1): 15–26.
Cohen, J. E., & W. W. Norton (1995): How Many People Can the Earth Support? New York.
Dasgupta, P. S. (1997, 1995): Bevölkerungswachstum, Armut und Umwelt. In: Meusburger, P. [Hrsg.]: Anthropogeographie. Spektrum der Wissenschaft, Heidelberg, 40–45.
Deutsche Gesellschaft für die Vereinten Nationen [Hrsg.] (1993/1994): Weltbevölkerung und Entwicklung. Die Herausforderung des globalen Bevölkerungswachstums. Bonn.
Deutsche Gesellschaft für die Vereinten Nationen [Hrsg.] (1997): Weltbevölkerungsbericht 1997. Das Recht zu wählen: Reproduktive Rechte und reproduktive Gesundheit. Bonn.
Deutsche Gesellschaft für die Vereinten Nationen [Hrsg.] (1998): Weltbevölkerungsbericht 1998. Die neue Generation. Bonn.
Deutscher Bundestag (1998): Zweiter Zwischenbericht der Enquete-Kommission „Demographischer Wandel – Herausforderungen unserer älter werdenden Gesellschaft an den einzelnen und die Politik." Drucksache 13/11460. Bonn.
Deutsche Stiftung Weltbevölkerung [Hrsg.] (1995): Weil es uns angeht. Das Wachstum der Weltbevölkerung und die Deutschen. Hannover.
El-Badry, M. A. (1992): World Population Change: A long-range Perspective. Ambio, **21** (1): 18–23.
Hauser, A. (1990, 1991): Bevölkerungs- und Umweltprobleme der Dritten Welt. Bern, Stuttgart.
Heer, B. (1997): Umwelt, Bevölkerungsdruck und Wirtschaftswachstum in den Entwicklungsländern. Heidelberg.
Heuveline, P. (1997): AIDS and population growth in sub-Saharan Africa: Assessing the sensitivity of projections. Population Research and Policy Review, **16**: 531–560.
Johnson, S. P. (1994): World Population – Turning the Tide. Three decades of progress. London, Dordrecht, Boston.
Jordaan, J. (1991): Population Growth – or Time Bomb. The Solution to South Africa's Population Problem. Pretoria.
Keyfitz, N. (1997, 1989): Probleme des Bevölkerungswachstums. In: Meusburger, P. [Hrsg.]: Anthropogeographie. Spektrum der Wissenschaft, Heidelberg, 12–21.
Keyfitz, N., & W. Flieger (1990): World Population Growth and Ageing. Chicago.
Kim, Y. J., & R. Schoen (1997): Population Momentum Expresses Population Ageing. Demography, **34** (3): 421–428.
Lutz, W. [Ed.] (1996): The Future Population of the World: What can we assume today? Revised and Updated Edition. London.
Robinson, W. C. (1998): Global Population Trends. The Prospects for Stabilization. Resources, **131**: 6–9.
Robey, B., Rutstein, S., & L. Morris (1997, 1994): Familienplanung in Entwicklungsländern. In: Meusburger, P. [Hrsg.]: Anthropogeographie. Spektrum der Wissenschaft, Heidelberg, 32–39.
UN (1992): World Population Projections. 1992–1993 Edition. Baltimore, London.
UN (1992): Long-range World Population Projections. Two Centuries of Population Growth 1950–2150. New York.
UN (1995): World Population Prospects. The 1994 Revision. New York.
UN (1998a): World Population Prospects. The 1996 Revision. New York.
UN (1998b): United Nations World Population Projections to 2150. Baltimore, London.
UN (1998c): Sex and Age Quinquenial 1950–2050. The 1996 Revision. New York.
World Bank (1990): World Population Projections. 1989–1990 Edition. Short- and Long-Term Estimates. Baltimore, London.

Manuskriptannahme: 25. September 1999

Prof. Dr. Ernst Struck, Universität Würzburg, Geographisches Institut, Am Hubland, 97074 Würzburg
E-Mail: ernst.struck@mail.uni-wuerzburg.de

PGM Praxis

Bundesinstitut für Bevölkerungsforschung beim Statistischen Bundesamt

Publikationen

Das Bundesinstitut für Bevölkerungsforschung (BiB) wurde als nicht rechtsfähige Bundesanstalt durch einen Erlass des Bundesministers des Innern im Jahre 1972, ergänzt durch einen weiteren Erlass des Bundesinnenministeriums im Jahre 1985, gegründet. Das BiB wird in Verwaltungsgemeinschaft mit dem Statistischen Bundesamt geführt.

Aufgaben

- Betreiben wissenschaftlicher Forschungen zu Bevölkerungsfragen und damit zusammenhängender Familienfragen als Grundlage für die Arbeit der Bundesregierung,
- Sammlung, Aufbereitung und Veröffentlichung neuer wissenschaftlicher Erkenntnisse auf dem Gebiet der Bevölkerungsforschung,
- Unterrichtung der Bundesregierung über wichtige Fragen der Bevölkerungsentwicklung und Beratung in demographischen Detailfragen,
- Unterstützung des Bundesministeriums des Innern bei der internationalen Zusammenarbeit in Bevölkerungsfragen, insbesondere im Rahmen der Vereinten Nationen und des Europarates.

Zur Erfüllung dieser Aufgaben hält das BiB Verbindung zu ähnlich profilierten wissenschaftlichen Einrichtungen des In- und Auslandes.

Bereiche

- Forschung: Dem interdisziplinären Wissenschaftlerteam gehören unter anderen Wirtschaftswissenschaftler, Soziologen und Geographen an. Das BiB deckt in Eigen- und Drittmittelprojekten ein breit gefächertes wissenschaftliches Programm ab, vergibt Werkverträge und koordiniert die interdisziplinäre Zusammenarbeit.
- Information: Das BiB veröffentlicht wissenschaftliche Artikel und Arbeitspapiere von aktuellem Interesse und arbeitet mit internationalen Organisationen – bilateral und multilateral – zusammen. Es betreibt eine breite Öffentlichkeitsarbeit.
- Politikberatung: Als Grundlage für Entscheidungen der Bundesregierung und seiner Ministerien berät das BiB bei der Interpretation demographischer Trends und Analysen – beispielsweise zu Fragen der sozialen Sicherheit, der Gesundheit, der Wanderungen, der Familie und der Bildung.

> Das BiB hält ständig eine begrenzte Zahl von Praktikantenplätzen bereit. Eine frühzeitige Bewerbung wird dringend empfohlen:
>
> **Bundesinstitut für Bevölkerungsforschung, Postfach 5528, Friedrich-Ebert-Allee 4, 65180 Wiesbaden, Tel.: (0611) 752235, Fax: (0611) 753960**
> **E-Mail: bib@statistik-bund.de**
> **Internet: http://home.t-online.de/home/BiB-2499**

ULRICH MAMMEY, Bundesinstitut für Bevölkerungsforschung, Wiesbaden

Praxis

Deutsche Gesellschaft für Bevölkerungswissenschaft e. V.

Die 1953 gegründete *Deutsche Gesellschaft für Bevölkerungswissenschaft e. V.* (DGB_w) ist die Vereinigung der an demographischen Fragen interessierten Wissenschaftler in Deutschland. Ihre Mitglieder gehören den verschiedensten Disziplinen an. Sie erfassen entweder in eigenen Erhebungen demographische Sachverhalte oder nutzen demographische Daten für Untersuchungen in anderen Fachbereichen. Die DGB_w will den Dialog aller Beteiligten fördern. Zu ihren Mitgliedern zählen Soziologen, Wirtschaftswissenschaftler, Politikwissenschaftler, Geographen, Statistiker, Historiker, Biologen, Anthropologen, Psychologen, Mediziner und Vertreter anderer Fachgebiete sowie Fachleute aus anderen europäischen Ländern.

Aufgaben und Ziele

Die Gesellschaft ist eine Plattform für die interne und öffentliche Erörterung theoretischer, methodischer und aktueller Fragen der Bevölkerungswissenschaft. Sie behandelt Verfahren und Ergebnisse der Demographie, der Bevölkerungsstatistik und der einschlägigen Forschungen der beteiligten Fachgebiete und diskutiert sie anhand der fachwissenschaftlichen Theorien und der praktischen Erfahrungen. Sie sucht das Verständnis für demographische Probleme in der Öffentlichkeit und die Diskussion der Ergebnisse der deutschen Bevölkerungswissenschaft im In- und Ausland zu fördern. Dazu arbeitet sie auch mit ausländischen Gesellschaften zusammen. Sie unterhält Kontakte zu internationalen demographischen Vereinigungen, wie der *European Association for Population Studies* (EAPS) sowie der *International Union for the Scientific Study of Population* (IUSSP).

Jahrestagungen

Die Jahrestagungen der DGB_w finden jährlich an unterschiedlichen Orten in Deutschland oder gelegentlich in Nachbarländern statt und sind jeweils aktuellen Themen der Bevölkerungsentwicklung gewidmet. In der jüngsten Vergangenheit wurden folgende Themen behandelt:

- 1996 (Walferdange/Luxemburg): Changing Family and Living Arrangements – An International Comparison,
- 1997 (Berlin): Gesellschaft und Bevölkerung im Umbruch in Mittel- und Osteuropa,
- 1998 (Bonn): Demographie und Politik.
- 1999 (Osnabrück): Einwanderungsregion Europa?
- 2000 (Bochum, in Vorbereitung): Entwicklung der Weltbevölkerung – Rückblick – Ausblick.

Arbeitskreise

Auf Initiative der Mitglieder werden Arbeitskreise gebildet, in denen Mitglieder und Nichtmitglieder der DGB_w besondere demographische Themenschwerpunkte vertieft behandeln. Dies geschieht in gesonderten Sitzungen während der Jahrestagungen sowie in eigens dazu veranstalteten Herbsttagungen. Zur Zeit bestehen folgende Arbeitskreise:

- Bevölkerungswissenschaftliche Methoden,
- Bevölkerungsökonomie,
- Demographie der Entwicklungsländer,
- Historische Demographie,
- Migration, Integration, Minderheiten.

JOHANNES OTTO, Wehrheim

Vorsitzender des DGB_w:

Dr. Johannes Otto, Forsthausstraße 14, 61273 Wehrheim, Tel./Fax: (06081) 66358
E-Mail: j.otto@dgbw.hg.shuttle.de

Anzeige

PRAKTIKA BEI KLETT-PERTHES

Sie suchen einen Praktikumsplatz in einer Schulbuch-, Atlas-, Lehrmittel- oder Wissenschaftsredaktion? Dann ist KLETT-PERTHES die richtige Adresse.

- Im Programmbereich *Schulbuch* und im Programmbereich *Lehrmittel* bieten wir – vorzugsweise für Studentinnen und Studenten des *Lehramts* – sechswöchige Praktika im redaktionellen Bereich.
- Im Programmbereich *Atlas* bieten wir – vorzugsweise für Studentinnen und Studenten mit Interesse an *Kartographie* – Praktika im redaktionellen und/oder kartographischen Bereich.
- Im Programmbereich *Wissenschaft* bieten wir – vorzugsweise für Studentinnen und Studenten des *Magister-* oder *Diplom*studiengangs – redaktionelle Praktika mit einer Dauer von sechs bis zwölf Wochen.

Bitte schicken Sie Ihre Bewerbung an: KLETT-PERTHES, Justus Perthes Verlag Gotha GmbH, z. Hd. Frau Hill, Justus Perthes Straße 3–5, 99867 Gotha

Die zukünftige Bevölkerungsentwicklung in Deutschland

Ulrich Mammey

13 Figuren im Text

The future population development in Germany
Abstract: In many respects Germany has had an eventful decade: Doubtlessly the most prominent happening was the unification of the two Germanies. Besides domestic and foreign political, economic, legal, administrative, social and cultural "turn-arounds", reorientation, reorganisation and changes, the development of the population has been marked on the one hand by a large surplus of migration in the old federal states and on the other hand by a sudden drop in the birth-rate, in marriages and divorces as well as by migration losses in new federal states. Altogether, the number of inhabitants between 1989 and 1997 in the old states increased by 4.07 million, to 66.75 million persons, while in the new states it sank by 1.14 million, to 15.29 million persons. Even if demographic differences between east and west will keep population science busy for a long time, the initial spectacular contrasts have levelled off to a great extent and interest turns again to the long-term more important demographic trends and their effects. The political and academic discussions about the continuation of our social order are still extremely controversial, and only very vague answers have so far been given to the questions on how our social system will be like in the new century. This is reflected in the report by the German Bundestag's commission of enquiry "Demographischer Wandel" (demographic change), consisting of both politicians and academics. Although the report impressively shows a picture of our present demographic and socio-political situation and, in a great many parts, points out the trends to be expected under status quo conditions, it does not fully live up to ist task of giving recommendations for necessary political decisions. This could be a sign that the inevitability of demographic processes that started decades ago and will determine the age structure for the coming decades, as has been repeatedly stressed by population scientists, has not been communicated in a sufficiently convincing way. This contribution attempts to make up for a part of this deficit.
Keywords: population development, Germany, projection of population size, fertility, migration, demographic aging, demographic change, socio-economical effect

Zusammenfassung: Deutschland hat in vielen Beziehungen ein bewegtes Jahrzehnt hinter sich: Das herausragende Ereignis war zweifellos die Vereinigung der beiden deutschen Staaten. Neben innen- wie außenpolitischen, wirtschaftlichen, rechtlichen, administrativen, sozialen und kulturellen „Wenden", Umorientierungen, Neuordnungen und Wechseln war die Bevölkerungsentwicklung einerseits durch starke Wanderungsüberschüsse in den alten Bundesländern und andererseits durch schlagartige Rückgänge der Geburten-, Heirats- und Scheidungsziffern sowie Wanderungsverluste in den neuen Bundesländern gekennzeichnet. Insgesamt erhöhte sich die Einwohnerzahl zwischen 1989 und 1997 in den alten Ländern um 4,07 Mio. auf 66,75 Mio. Personen, während sie in den neuen Ländern um 1,14 Mio. auf 15,29 Mio. Personen sank. Auch wenn demographische Unterschiede zwischen Ost und West noch eine lange Zeit die Bevölkerungswissenschaft beschäftigen werden – die zunächst spektakulären Gegensätze sind inzwischen weitgehend nivelliert, und das Interesse wendet sich wieder den langfristig bedeutsameren demographischen Trends und ihren Auswirkungen zu. Die politischen wie wissenschaftlichen Diskussionen um den Fortbestand unserer Sozialordnung werden noch äußerst kontrovers diskutiert, und auf die Fragen nach den Erscheinungsformen unseres gesellschaftlichen Systems im neuen Jahrhundert werden bisher nur sehr vage Antworten gefunden. Das zeigt sich vor allem in dem Bericht der Enquete-Kommission „Demographischer Wandel" des Deutschen Bundestages, an dessen Erstellung Politiker und Wissenschaftler gleichermaßen beteiligt waren: Auch wenn der Bericht auf beeindruckende Weise ein Bild unserer gegenwärtigen demographischen und sozialpolitischen Lage zeichnet und in weiten Teilen die unter Status-quo-Bedingungen zu erwartenden Trends aufzeigt – seinem Auftrag, Empfehlungen für notwendige politische Entscheidungen zu geben, kommt er nicht in allen Teilen nach. Dies kann ein Zeichen dafür sein, dass die von der Bevölkerungswissenschaft wiederholt betonte Unabwendbarkeit demographischer Prozesse, die bereits vor Jahrzehnten eingeleitet worden sind und in den kommenden Jahrzehnten für die Altersstruktur bestimmend sein werden, nicht überzeugend vermittelt wird. Dieser Beitrag versucht, einen Teil dieses Defizits aufzuheben.
Schlüsselwörter: Bevölkerungsentwicklung, Deutschland, Bevölkerungsvorausberechnung, Fertilität, Wanderung, demographische Alterung, demographischer Wandel, sozioökonomische Auswirkung

Bevölkerungsentwicklung

1. Vorbemerkungen

Eine Jahrhundertwende ist mehr als jeder normale Jahreswechsel ein Anlass, Rückschau auf Abgeschlossenes zu halten und Fragen nach dem Kommenden zu stellen. Sie bietet Gelegenheit, Bilanz zu ziehen und, soweit möglich, die Weichen in die Zukunft zu stellen. Da hierfür Informationen über gesicherte und wahrscheinliche Entwicklungen benötigt werden, haben Vorausschätzungen, Modellrechnungen und Trendanalysen zur Zeit Konjunktur.

Die Zunft derjenigen, die sich mit Fragen der Bevölkerungsentwicklung einschließlich ihrer Auswirkungen auf nahezu alle gesellschaftlichen Bereiche beschäftigen, ist zu diesen Zeiten in besonderem Maße gefragt und aufgefordert, die demographischen Grundlagen für die anstehenden Entscheidungen zu liefern. Das geschah zum Teil bereits ein gutes Jahr vor dem Kalendersprung auf nationaler politischer Ebene im Herbst 1998 mit der Vorlage des Berichts der Enquete-Kommission „Demographischer Wandel – Herausforderung unserer älter werdenden Gesellschaft an den einzelnen und die Politik" des Deutschen Bundestages, in welcher Bevölkerungs-, Wirtschafts- und Sozialwissenschaftler als Experten entscheidend mitwirkten. Im Jahre 1999 konzentrierten sich die Aktivitäten auf europäischer und globaler Ebene vor allem im Rahmen der fünf Jahre nach der Kairoer UN-Weltbevölkerungskonferenz von 1994 stattfindenden Folge von regionalen und überregionalen Konferenzen auf die Weiterentwicklung und Umsetzung des in Kairo verabschiedeten „Aktionsprogramms über Bevölkerung und Entwicklung", die in den „Bericht des UN-Generalsekretärs" für die Sondersitzung der Generalversammlung, versehen mit Vorschlägen zur Implementation des Aktionsprogramms, eingehen wird.

So sehr dieser Datumswechsel das Interesse an aktuellen und zukünftigen Entwicklungen stimuliert – in eine neue Epoche der demographischen Entwicklung ist Deutschland ohnehin bereits zehn Jahre zuvor mit der Vereinigung der beiden deutschen Staaten eingetreten, als mit 82 Mio. Einwohnern das bevölkerungsreichste Land Westeuropas entstand. Ein kurzer demographischer Rückblick auf die vergangenen Jahrzehnte mag das Neue auf dem gemeinsamen Weg bis heute veranschaulichen. Das Heirats- und das generative Verhalten sollen hierbei im Vordergrund stehen.

Bis zum Beginn bzw. zur Mitte der 70er Jahre verliefen die Kurven der Heirats- und Geburtenhäufigkeiten in den beiden Staaten nahezu parallel (Fig. 1). Während in der damaligen genauso wie in der heutigen Bundes-

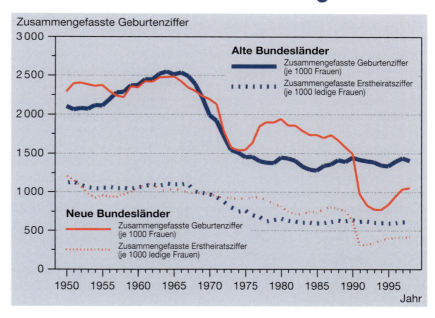

Fig. 1 Zusammengefaßte Geburtenziffer und Erstheiratsziffer in den alten und neuen Bundesländern (Statistisches Bundesamt, Bundesinstitut für Bevölkerungsforschung)
Combined birth- and first marriage-rate in the old and new federal states

republik demographische Zielvorstellungen nicht definiert und politische Maßnahmen, die, obwohl sie zweifellos nicht ohne Einfluss auf Familienbildungsprozesse und somit die Bevölkerungsentwicklung sind, als Teil der Sozial- und Familienpolitik verstanden wurden und werden, vertrat man in der DDR eine Sozial- und Bevölkerungspolitik mit bewusst pronatalistischen Zielvorstellungen. Der Zielkonflikt zwischen dieser auf Vermehrung von Geburten ausgerichteten Politik einerseits und der sowohl gesellschaftlich als auch ökonomisch begründeten Frauenerwerbstätigkeit andererseits wurde durch Eheschließungskredite und Geburtsbeihilfen, flankiert von arbeitsrechtlichen Vergünstigungen für berufstätige Mütter und vom Ausbau von Einrichtungen zur Kinderbetreuung, zu lösen versucht. Diese Maßnahmen ließen die zusammengefasste Geburtenziffer je 1000 Frauen von etwa 1500 zu Beginn der 70er Jahre auf über 1900 Kinder im Jahre 1980 ansteigen (MAMMEY 1984, S. 555). Bis 1990 war dann allerdings der alte Wert um 1500 wieder erreicht.

Während nach der Vereinigung in den alten Bundesländern die zusammengefasste Geburtenziffer weiterhin zwischen 1440 und 1450 oszillierte und auch die Erstheiratsziffern weitgehend konstant blieben, veränderten sich mit dem Beitritt der DDR zur Bundesrepublik Deutschland und dem damit verbundenen sozialen Wandel die Geburten-, Heirats- und Scheidungsziffern schlagartig. Innerhalb von vier Jahren hat sich die zusammengefasste Geburtenziffer von 1518 auf 772 nahezu halbiert – ähnlich wie das Heiratsniveau (Fig. 1) –, während der Rückgang der Scheidungsziffer noch deutlicher ausfiel. Im Gegensatz zum Scheidungsverhalten zu DDR-Zeiten, als noch 38 % der Ehen vor dem Scheidungsrichter endeten, waren es in den ersten fünf

Jahren nach der Vereinigung lediglich zwischen 6 und 20 % (Höhn 1998, S. 99 f.).

Der sich in den neuen Bundesländern mit der Wiedervereinigung vollziehende soziale Wandel und die mit ihm einhergehenden Veränderungen der demographischen Prozesse wirken sich statistisch mittelfristig auch auf die Bevölkerungsentwicklung im Bundesgebiet insgesamt aus. Insbesondere lag die Ursache für den deutlichen Rückgang der Geborenenzahlen in Deutschland während der ersten Hälfte der neunziger Jahre überwiegend in den stark rückläufigen Zahlen in den neuen Ländern, während die seit 1996 allmählich ansteigenden Zahlen wiederum nicht unwesentlich von der positiven Geburtenentwicklung in den neuen Bundesländern bestimmt werden (Dorbritz & Gärtner 1998, S. 386). Für die überwiegende Mehrheit der Ostdeutschen galt die ungünstige Wirtschaftslage als der Hauptgrund für die niedrigen Kinderzahlen. Dies, aber auch die gestiegenen Erziehungskosten und Sorgen um die Zukunft spiegeln die Folgen des Transformationsprozesses wider. Noch unterscheiden sich Ost- und Westdeutschland darin, dass im Westen vorwiegend postmaterialistische und im Osten eher materialistische Gründe für den Verzicht auf Kinder festzustellen sind, was sich zu weiten Teilen aus der besonderen Situation des sozialen Wandels in den neuen Bundesländern erklärt (Höhn 1998, S. 105 ff.). Trotzdem war die allmähliche Erholung der Geburtenzahlen nach ihrem „Einbruch" unmittelbar nach der Wiedervereinigung erwartet worden, ohne allerdings Zeitpunkt, Tempo und Ausmaß der Wiederherstellung „normaler" generativer Verhältnisse vorhersagen zu können. Immerhin wird in allen Modellrechnungen für die zukünftige Bevölkerungsentwicklung Deutschlands eine allmähliche Angleichung der ostdeutschen Ziffern an jene Westdeutschlands angenommen.

2. Berechnungen zur zukünftigen Bevölkerungsentwicklung

2.1. Terminologie und „amtliches" Modell

Es gibt bisher keine eindeutige und von allen anerkannte Terminologie zu dem Arbeitsbereich der Demographie, der sich mit Schätz- und Berechnungsmethoden zur künftigen Bevölkerungsentwicklung beschäftigt. Mit ein Grund hierfür ist die Tatsache, dass grundlegende Veröffentlichungen zur demographischen Methodik seit dem Zweiten Weltkrieg vornehmlich in englischer Sprache geschrieben wurden und deren Terminologie nicht einheitlich ins Deutsche übersetzt wurde und wird. Selbst das „Mehrsprachige Demographische Wörterbuch" (deutsche Ausgabe von Höhn, Bolte, Gisser et al. 1987; siehe auch die Definitionen in Deutscher Bundestag 1980 sowie Romaniuc 1991) klärt die zahlreichen Synonyme und unterschiedlichen Verwendungen nicht definitiv. An dieser Stelle soll keine weitere Begriffsbestimmung versucht werden, jedoch ist entsprechend der derzeitigen Verwendung der Begriffe im Bundesinstitut für Bevölkerungsforschung „Bevölkerungsvorausberechnung" (oder „Bevölkerungsvorausrechnung") als Oberbegriff zu verstehen, unter „Vorausschätzung" ein kurzfristiger und unter „Modellrechnung" ein längerfristiger Berechnungshorizont, wobei Modellrechnungen, betrachtet man nur die ersten zehn bis zwölf Jahre, eben auch Vorausschätzungen beinhalten. Ähnlich verfährt Höhn in einer neueren Veröffentlichung, wobei sie jedoch den Terminus „Vorausschätzung" dem Begriff „Prognose" gleichstellt (Höhn 1996, S. 172 f.).

Zum Zeitpunkt der Fertigstellung dieses Manuskripts (Juni 1999) sind die Vorausrechnungen zur zukünftigen Bevölkerungsentwicklung in Deutschland, die in mehr oder weniger großen Abständen von staatlichen Institutionen und Gremien durchgeführt werden und somit einen offiziellen Charakter beanspruchen können, entweder in Bearbeitung oder zur Veröffentlichung noch nicht freigegeben. Es sind dies die „9. koordinierte Bevölkerungsvorausberechnung" des Statistischen Bundesamtes und der Landesämter, die Bevölkerungsmodellrechnung der Interministeriellen Arbeitsgruppe Bevölkerungsfragen der Bundesregierung sowie die regionalisierte Bevölkerungsprognose des Bundesamtes für Bauwesen und Raumordnung. Dieser Beitrag muss sich daher auf die Rechnungen stützen, die Mitte der 90er Jahre erstellt wurden, jedoch einen Berechnungshorizont von mehreren Jahrzehnten haben, d. h., deren Ergebnisse weit in das nächste Jahrhundert hineinreichen. Ihre Annahmen bezüglich der Geburten-, Sterblichkeits- und Migrationsentwicklung weichen von den neueren Modellrechnungen nur geringfügig ab; und was vor allem die Ergebnisse betrifft: Auch sie unterscheiden sich nur wenig. Wie immer man die Annahmen auch nur einigermaßen wirklichkeitsnah variiert – die demographische Alterung Deutschlands ist unabwendbar, und die daraus resultierenden Folgen, z. B. für das Sozialsystem, sind evident. Darüber hinaus haben die bereits vor einigen Jahren vorgestellten Berechnungen den Vorteil, dass sie ausgewertet und zur Grundlage für Analysen und Expertisen geworden sind, wie z. B. den Zweiten Zwischenbericht der Enquete-Kommission des Deutschen Bundestages „Demographischer Wandel – Herausforderung unserer älter werdenden Gesellschaft an den einzelnen und die Politik" von 1998.

Amtliche Bevölkerungsvorausberechnungen in Deutschland werden auf der Basis gegenwartsnaher Rahmenbedingungen und zukünftiger Entwicklungen, die aus aktueller Sicht wahrscheinlich erscheinen, gerechnet, und zwar in der Regel nach der Komponenten-Kohorten-Methode. Sie setzen eine möglichst aktuelle Basisbevölkerung voraus, gegliedert nach Alter und Geschlecht, ferner die Kenntnis altersspezifischer Geburtswahrscheinlichkeiten, alters- und geschlechtsspezifischer Sterbewahrscheinlichkeiten sowie Annahmen zu künftigen Wanderungen. Werden Ergebnisse in der Gliederung nach In- und Ausländern benötigt, dann müssen auch die Basisbevölkerung sowie die genannten Wahrscheinlichkeiten getrennt für beide Bevölkerungsgruppen vorliegen. Schließlich müssen in diesem Fall auch Informationen über Änderungen der Staatsangehörigkeit, in der Regel infolge der Einbürgerung von Ausländern, zur Verfügung stehen. Neben den empirisch festgestellten Ausprägungen dieser Merkmale in der Ausgangssituation sind Annahmen über die zukünftige Entwicklung ihrer Valenzen zu entwickeln, und zwar – wegen der relativ großen Ungewissheit über den zukünftigen Verlauf vor allem der Fertilität und des Wanderungsgeschehens – in der Regel für mehrere Modellvarianten.

Die Altersstruktur der Bevölkerung des Basisjahres bestimmt die Stärke jeder der 100 Kohorten, deren Besetzungszahlen unter Berücksichtigung der genannten Komponenten jahrgangsweise fortgeschrieben bzw. hochgerechnet werden. Entsprechend den altersspezifischen Geburtenziffern entsteht jedes Jahr eine neue Kohorte, deren Zahl gemäß der Geschlechterproportion bei der Geburt (106 Knaben- zu 100 Mädchengeburten) der männlichen bzw. weiblichen Bevölkerung zugeteilt wird.

2.2. Internationale und nationale Bevölkerungsvorausberechnungen

Modellrechnungen für die langfristige Bevölkerungsentwicklung werden von internationalen Organisationen sowie von einer Vielzahl nationaler Forschungsinstitute in mehr oder weniger regelmäßigen zeitlichen Intervallen durchgeführt. Auf höchster internationaler Ebene sind die Berechnungen der Weltbank sowie die der Bevölkerungsabteilung der Vereinten Nationen in New York zu nennen. Letztere haben eine lange Tradition, und seit 1990 werden in den im zweijährigen Turnus veröffentlichten sogenannten „Revisions" neben den Annahmen über das Geburten- und Sterblichkeitsniveau auch solche über internationale Wanderungen getroffen.

Auf europäischer Ebene sind an erster Stelle die länderweisen Vorausberechnungen des Statistischen Amtes der Europäischen Gemeinschaft (Eurostat 1998, S. 210 ff.; BEER, BROEKMAN et al. 1999) zu nennen. Daneben werden in verschiedenen EU-Ländern für interne Zwecke Berechnungen für internationale Vergleiche angestellt.

Nationale Vorausberechnungen für das Gebiet der Bundesrepublik Deutschland führt traditionsgemäß das Statistische Bundesamt durch, seit Jahrzehnten in Zusammenarbeit mit den Statistischen Landesämtern im Rahmen der „koordinierten Bevölkerungsvorausberechnungen", ferner im besonderen Auftrag und in Zusammenarbeit mit dem Bundesinstitut für Bevölkerungsforschung beispielsweise für die Interministerielle Arbeitsgruppe Bevölkerungsfragen, die je nach politischer Bedarfslage Modellrechnungen mit eigens abgestimmten Annahmen erstellen lässt. Das Spektrum der für das Bundesgebiet ad hoc oder in mehr oder weniger regelmäßigen Abständen veröffentlichten Ergebnisse – meist in zeitlich längeren Perspektiven angelegt – ist von einer in dieser Aufzählung durchaus nicht erschöpfend dargestellten Vielzahl weiterer Modellrechnungen gekennzeichnet. Zu nennen sind stellvertretend für diese Aktivitäten die des Deutschen Instituts für Wirtschaftsforschung (DIW) in Berlin, des Instituts der deutschen Wirtschaft in Köln sowie des Instituts für Bevölkerungsforschung und Sozialpolitik (IBS) der Universität Bielefeld. Das IBS ist vor allem mit regionalisierten Modellrechnungen hervorgetreten (BIRG, FLÖTHMANN et al. 1997), welche staatlicherseits in regelmäßigen Abständen auch von der früheren Bundesforschungsanstalt für Landesplanung und Raumordnung (BfLR), jetzt Bundesamt für Bauwesen und Raumordnung (BBR), erstellt werden (z. B. Bundesforschungsanstalt für Landesplanung und Raumordnung 1994). Probabilistische Vorausberechnungen, die zum Teil auch die Grundlage für die Analysen im Zweiten Zwischenbericht der Enquete-Kommission „Demographischer Wandel" bilden, wurden von LUTZ & SCHERBOV (1998) durchgeführt.

Was bereits im Zusammenhang mit der derzeitigen Aktualisierung der einzelnen Modelle gesagt wurde, gilt auch hier: Trotz interessanter methodischer Variationen und aller Bemühungen um noch so wirklichkeitsnahe Annahmen für die einzelnen in die Algorithmen eingehenden Komponenten sind die Ergebnisse für den, der Konsequenzen für wirtschaftliches oder politisches Handeln aus ihnen ziehen muss, bemerkenswert übereinstimmend: Alle auch nur halbwegs realistischen Annahmen prognostizieren eine Bevölkerungsschrumpfung ebenso wie die beschleunigte demographische Alterung der Bevölkerung in Deutschland. Lediglich das Tempo der beiden Prozesse variiert in Abhängigkeit von den festgelegten Parametern. Folglich soll sich die Analyse und Interpretation der zukünftigen demographischen Situation Deutschlands nur auf eine ausgewählte Modellrechnung stützen.

Zunächst kommen wir jedoch zur Bevölkerungsentwicklung Deutschlands im größeren geographischen Zusammenhang.

3. Die demographische Stellung Deutschlands im Vergleich

Das Besondere oder auch das Normale an den demographischen Prozessen in Deutschlands zeigt sich im Vergleich mit der Bevölkerungsentwicklung Europas bzw. mit derjenigen außereuropäischer Länder. Es wird zu zeigen sein, dass sich Deutschland einerseits – trotz aller vorhersehbaren demographisch bedingten Probleme – im Vergleich mit Europa im Ganzen keinesfalls in einer außergewöhnlichen Lage befindet und andererseits ein Entwicklungsstadium durchläuft, das für nicht sehr entfernte außereuropäische Länder noch in der Zukunft liegt.

Gebiet	Personen [1000] im Jahr							
	1995	2000	2005	2010	2015	2020	2025	2030
Deutschland	81 661	82 220	82 365	82 032	81 574	80 996	80 238	79 252
Europa	727 912	728 887	727 431	724 242	719 307	711 909	702 335	690 976
Erde	5 666 360	6 055 049	6 429 397	6 794 773	7 154 366	7 501 521	7 823 703	8 111 980

Fig. 2 Bevölkerungsentwicklung in Deutschland, in Europa und auf der Erde von 1995 bis 2030 (UN World Population Prospects, 1998 Revision – Medium-variant Projections)
Population development in Germany, in Europe and in the world from 1995 to 2030

3.1. Deutschland in Europa und in der Welt

Die Modellrechnungen der Bevölkerungsabteilung der Vereinten Nationen sind nicht die einzigen, jedoch die traditionsreichsten und am häufigsten zitierten. Sie werden für jedes einzelne Land erstellt, deren Ergebnisse zu Zahlen für Länderkategorien, Regionen sowie für die Erde insgesamt zusammengefasst werden. Alle zwei Jahre werden sie hinsichtlich der Annahmen an die neuesten demographischen Entwicklungen angepasst. Die letzte Revision datiert von 1998. Ergebnisse dieser Berechnungen, die bereits von gegenüber den vorangegangenen Jahren reduzierten Geburtenziffern vor allem in den Entwicklungsländern ausgehen, sind in Figur 2 und 3 dargestellt.

Während die Weltbevölkerung nach der mittleren Modellvariante der UN bis zum Jahr 2030 noch um 43,2 % auf 8,11 Mrd. Menschen anwachsen könnte, würde die Bevölkerung Europas wie auch Deutschlands rückläufig sein: Deutschland verlöre demnach 3 % seiner Einwohner und hätte noch 79,3 Mio. Einwohner, Europa verblieben nach einem Bevölkerungsverlust von immerhin 5,1 % noch 691,0 Mio. seiner Einwohner.

Die Figur 3 zeigt, wie sich die Entwicklungsschere zwischen Europa bzw. Deutschland und der Erde selbst in der relativen Darstellung bis zum Jahr 2030 weiter öffnen wird. Wenn auch abgeschwächt, wird sich gemäß den UN-Berechnungen dieser Trend bis 2050 fortsetzen: In der Rangordnung der bevölkerungsreichsten Länder der Erde nahm Deutschland im Jahre 1950 mit 68,4 Mio. Einwohnern nach China, Indien, den USA, der Sowjetunion, Japan sowie Indonesien noch den siebten Rang ein, gefolgt von Brasilien und Großbritannien. Im Zeitraum bis zur Jahrhundertwende wird Deutschland trotz seines Bevölkerungsanstiegs auf 82,1 Mio. Menschen von Brasilien, Pakistan, Bangladesch, Nigeria und Mexiko auf den 12. Rang verdrängt worden sein. Sollte sich die mittlere Variante der UN-Modellrechnungen als die „richtige" erweisen, dann wird die Bevölkerung Deutschlands innerhalb eines weiteren halben Jahrhunderts auf 73,3 Mio. schrumpfen und in der Rangordnung der volkreichsten Länder auf Platz 21 zurückgestuft werden, überholt von Äthiopien, der Republik Kongo, den Philippinen, von Vietnam, dem Iran, Ägypten, der Türkei sowie von Thailand, von denen lediglich die beiden zuletzt genannten Länder eine Bevölkerungszahl geringer als 100 Mio. hätten.

3.2. Westeuropa und die südlichen Mittelmeeranrainer

Die wichtigste und nachhaltigste Komponente der Bevölkerungsentwicklung sind die Geburten, als deren gebräuchlichstes Maß die „zusammengefasste Geburtenziffer" gilt. Sie „gibt an, wie viele Kinder von 1000

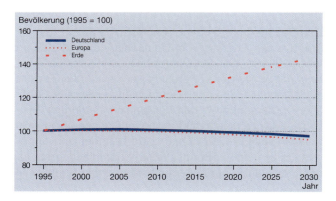

Fig. 3 Entwicklung der Bevölkerung auf der Erde, in Europa und Deutschland von 1995 bis 2030 (UN World Population Prospects, 1998 Revision – Medium-variant Projections)
Population development in the world, in Europe and in Germany from 1995 to 2030

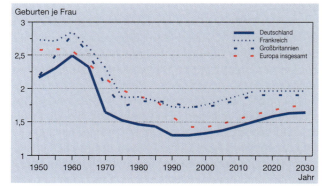

Fig. 4 Zusammengefasste Geburtenziffer in Europa und in ausgewählten europäischen Ländern 1950–2030 (UN World Population Prospects, 1998 Revision – Medium-variant Projections)
Total fertility rates in Europe and selected European countries, 1950–2030

Frauen im Durchschnitt geboren würden, wenn sie ihr Leben lang sich den altersspezifischen Geburtenziffern des Beobachtungsjahres entsprechend verhielten und es keine Sterblichkeit gäbe" (HÖHN, BOLTE et al. 1987, S. 111). Als Ziffer ist sie ein geeignetes Maß zum Vergleich der Fertilität zwischen Ländern und Regionen. Um zu zeigen, dass Deutschland hinsichtlich der Entwicklung der Geburtenhäufigkeit in einen gesamteuropäischen Rahmen eingebunden ist, sind in Figur 4 die zusammengefassten Geburtenziffern für Deutschland denen Europas sowie Frankreichs und Großbritanniens gegenübergestellt.

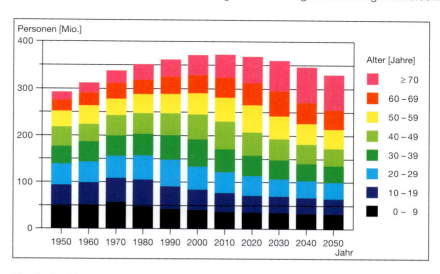

Fig. 5 Bevölkerungsentwicklung nach Altersklassen in Westeuropa 1950–2050 (UN World Population Projections 1998)
Population development by age groups in western Europe, 1950–2050

Die Kurven der Geburtenentwicklungen verlaufen nahezu parallel, die für Deutschland allerdings auf einem niedrigeren Niveau. Während die deutsche Ziffer Mitte der 90er Jahre bei 1,3 lag, erreichten Frankreich und Großbritannien noch Werte von immerhin knapp 1,8. Allerdings wird auch hier wie überhaupt in ganz Europa seit Mitte der 70er Jahre das Bestandserhaltungsniveau von durchschnittlich 2,1 Geborenen je Frau nicht mehr erreicht. Die weitere Entwicklung läßt nach UN-Vermutung einen leichten Aufwärtstrend erkennen – für Deutschland auf Werte zwischen 1,6 und 1,7, die seit 1970 freilich realiter nicht mehr registriert wurden. Für Europa im Ganzen wird ein nahezu identischer Verlauf erwartet. Gegenwärtig ist allerdings nicht zu erkennen, welches die

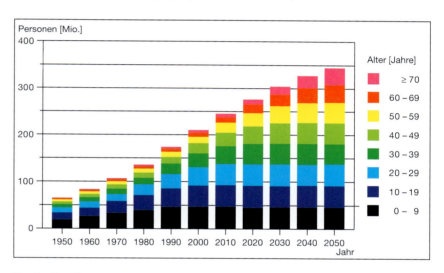

Fig. 6 Bevölkerungsentwicklung nach Altersklassen in Nordafrika und in der Türkei 1950–2050 (UN World Population Projections 1998)
Population development by age groups in northern Africa and in Turkey, 1950–2050

Gründe für einen zunehmenden Kinderwunsch sein sollten – eher hofft man, dass sich das Fertilitätsniveau auf dem erreichten Niveau stabilisiert und nicht weiter absinkt. Für den folgenden Vergleich der Bevölkerungsentwicklung Westeuropas mit derjenigen ausgewählter nordafrikanischer Länder sollte dieser Sachverhalt im Auge behalten werden. Jedenfalls gehen die Experten der New Yorker UN-Bevölkerungsabteilung ebenso wie auch ihre europäischen Kollegen davon aus, dass das Bestandserhaltungsniveau in Europa zumindest in den nächsten 50 Jahren nicht mehr erreicht werden wird.

Wenn hier die südlichen Mittelmeeranrainer nicht direkt mit Deutschland, sondern mit dem westlichen Europa verglichen werden, dann soll damit auch der Tatsache Rechnung getragen werden, dass angesichts der europäischen Integration die Bevölkerungsentwicklung Deutschlands nicht mehr nur im nationalen, sondern auch im europäischen Rahmen zu sehen ist. Abweichend von der Unterscheidung nach Ländern mit EU-Mitgliedschaft und Drittländern, werden unter dem Begriff „Westeuropa" allerdings die skandinavischen Länder, Großbritannien und Irland, die Benelux-Länder, Deutschland, Frankreich, Österreich und die Schweiz, Italien sowie die Länder der Iberischen Halbinsel subsumiert – im Gegensatz zu den mittel- und osteuropäischen Ländern, die zu den Ländern am Südrand des Mittelmeeres bzw. der Türkei (noch) nicht eine vergleichbar enge Wanderungsbeziehung haben.

Der Vergleich der Bevölkerungsentwicklung zwischen Westeuropa und den südlichen Mittelmeeranrainern in den vergangenen bzw. kommenden 50 Jahren vermittelt einen Eindruck von den dramatischen demographischen Gewichtsverschiebungen, die sich innerhalb von nur 100 Jahren zum Teil bereits vollzogen haben bzw. noch zu erwarten sind. (Fig. 5 und 6).

Noch 1950 lebten in Marokko, Algerien, Tunesien, Libyen, Ägypten und der Türkei, d.h. in den Ländern, aus denen seit Jahren ein Großteil der in Westeuropa aufgenommenen Migranten stammt, zusammen gerade 65 Mio. Menschen, während die genannten westeuropäischen Länder eine dreimal so große Population, nämlich 293 Mio. Einwohner, hatten. Auch wenn die westeuropäische Bevölkerung im Vergleich zu heute noch vergleichsweise jung war (der Anteil der unter 20-Jährigen betrug 31,9 % der Gesamtbevölkerung), war das ungleiche Bevölkerungswachstum der beiden Regionen bereits programmiert: Ein Anteil der unter 20-Jährigen von 50,5 %, verbunden mit einer weit höheren Fertilität, ließ die nordafrikanische bzw. türkische Bevölkerungszahl zusammen bis heute auf 210 Mio. hochschnellen – im Gegensatz zu dem verhältnismäßig moderaten Anstieg auf 371 Mio. in Westeuropa. Ebenso deutlich haben sich die Altersstrukturen verschoben: Zwar hat sich auch in Nordafrika und in der Türkei der Anteil der Jungen auf 43,6 % leicht verringert, in Westeuropa ist er hingegen dramatisch eingebrochen – nur noch 22,6 % befinden sich in dieser Altersklasse. Der Anteil der 60-Jährigen und Älteren hat dagegen mit 21,8 % einen historischen Höchststand erreicht. In den kommenden 50 Jahren wird sich dieser Trend nach den Berechnungen der UN fortsetzen: Die westeuropäische Bevölkerung wird in den nächsten 10 Jahren nur noch geringfügig anwachsen, dann jedoch permanent schrumpfen und im Jahre 2050 wieder den Stand von ungefähr 1965 erreichen – allerdings mit einer sehr viel ungünstigeren Altersstruktur. Hatten damals noch ca. 32 % der Bevölkerung ein Alter von weniger als 20 Jahren, so werden es am Ende des Berechnungszeitraums nur noch 19,5 % sein. Umgekehrt wird sich der Anteil der Älteren von ca. 17 % auf ungefähr 35 % verdoppeln. Anders in der Vergleichsregion: Ihre Bevölkerungszahl wird im Jahre 2050 mit 345 Mio. über der von Westeuropa liegen. Aufgrund des sich auch hier vollziehenden Geburtenrückgangs wird der demographische Alterungsprozess auch in diesen Ländern allmählich die Relationen von Jungen zu Älteren verschieben. Dennoch wird die Altersstruktur weitaus günstiger als in Westeuropa sein, denn der Anteil der Jüngeren wird 26,5 % und derjenige der Älteren nicht mehr als 21,8 % betragen.

Angesichts der gegensätzlichen Bevölkerungsentwicklungen in beiden Regionen wächst in den betrachteten Mittelmeerländern die erwerbsfähige Bevölkerung schneller als die Zahl der Arbeitsplätze, während für Westeuropa in den kommenden Jahrzehnten aufgrund der demographischen Entwicklung eher ein Mangel an Arbeitskräften prognostiziert wird. Da in den südlichen und östlichen Mittelmeeranrainern eine weitere Verschlechterung der Arbeitsmarktlage sowie sinkende Erwerbschancen für die nachwachsenden Generationen erwartet werden, ist mit einem Anwachsen des Wanderungsdrucks auf Westeuropa zu rechnen. „Die Zahl der aus den südlichen und östlichen Mittelmeerländern insgesamt nach Europa zuwandernden Menschen hat sich seit 1985 stark erhöht. [...] Nach wie vor nimmt Deutschland alleine etwa so viel Immigranten aus dem Mittelmeerraum auf, wie die restlichen europäischen Länder zusammen" (SCHULZ 1997, S. 526). Als Gegenmaßnahme wird gelegentlich die Forderung erhoben, die Märkte für die Länder am südlichen Mittelmeer zu öffnen und einen fairen Handel zuzulassen. Experten sehen hierin allerdings keinen kurzfristigen Einfluss auf die zu erwartenden Arbeitskräftewanderungen und auf die Arbeitsmarktsituation dieser Länder, weil ihren Volkswirtschaften die Wettbewerbsfähigkeit fehle, um die Chancen eines freien Wettbewerbs zu nutzen. Vielmehr seien vorab Maßnahmen notwendig, die auf die Errichtung eines demokratischen institutionellen Rahmens für die Sicherung persönlicher und kollektiver Freiheiten abzielten. Weitere Voraussetzungen seien Verbesserungen des wirtschaftlichen und administrativen Umfelds, der Aufbau einer intakten Kommunikationsstruktur sowie politische Stabilität, um bei ausländischen Investoren das Vertrauen in diese Länder wiederherzustellen (SCHULZ 1997, S. 532).

4. Die zukünftige demographische Entwicklung in Deutschland

4.1. Die verwendete Modellrechnung und ihre Annahmen

Von den vorliegenden Modellrechnungen für die demographische Entwicklung Deutschlands wurde für dieses Kapitel die ausgewählt, die Mitte der 90er Jahre von der Interministeriellen Arbeitsgruppe Bevölkerungsfragen unter dem Vorsitz des Bundesministeriums des Innern erarbeitet und im Statistischen Bundesamt sowie im Bundesinstitut für Bevölkerungsforschung ausgeführt wurde. Die Notwendigkeit dieser Berechnungen ergab sich aus der Vereinigung der beiden deutschen Staaten und insbesondere aus der unterschiedlichen Entwicklung der Lebenserwartung und des Geburtenniveaus in den beiden Landesteilen. Ein weiterer Grund wurde im veränderten Wanderungsverhalten sowohl der Deutschen als auch der Ausländer gesehen. Da es sich bei diesen Komponenten angesichts der neuen politischen Situation um schwer einschätzbare demographische Trends handelt und aufgezeigt werden sollte, in welchem Korridor die künftige Entwicklung mit großer Wahrscheinlichkeit verlaufen werde, wurden sowohl zur Entwicklung des Geburtenniveaus der Deutschen als auch zum Wanderungsverhalten der Ausländer drei Varianten gerechnet – entsprechend getrennt für die deutsche und ausländische Bevölkerung und darüber hinaus gesondert für die alten und neuen Bundesländer. Die Ergebnisse dieser separaten Rechnungen wurden sodann zu Modellrechnungen für die Gesamtbevölkerung zusammengefasst, wobei nach wie vor zwischen Deutschen und Ausländern unterschieden werden kann. Der Zeithorizont reicht bis zum Jahr 2040, getrennte Rechnungen für die neuen und die alten Länder werden nur bis 2010 ausgewiesen. Für den Verlauf des Geburtenniveaus der Deutschen wurden drei Modellvarianten formuliert:

- *Modell I:* konstante Geburtenhäufigkeit für alte Länder von 1,3 Kindern je Frau; für neue Länder von 0,8 Kindern allmählich ansteigend auf ebenfalls 1,3 Kinder.
- *Modell II:* abnehmende Geburtenhäufigkeit (alte Länder) bzw. steigende (neue Länder) auf einen Wert von 1,1 Kindern je Frau.
- *Modell III:* steigende Geburtenhäufigkeit bis auf 1,6 Kinder je Frau in ganz Deutschland.

Modell I wird als die wahrscheinliche Variante angesehen. Für Ausländer wurden zwei Varianten gerechnet:

- *Modell A* und *Modell K* mit einer allmählichen Annäherung an das Geburtenniveau der einheimischen Bevölkerung,
- *Modell B* mit einer Konstanz des Geburtenniveaus von 1965.

Bezüglich der Sterblichkeit wird für Deutsche generell eine Zunahme der Lebenserwartung bis um zwei Jahre über dem Westniveau des Basisjahres 1995 angenommen, für Ausländer im Wesentlichen eine Konstanz der Werte des Basisjahres.

Für die Außenwanderungen der Deutschen, bei denen es sich im Wesentlichen um Aussiedler handelt, wird ein Saldo von insgesamt 2,95 Mio. Personen über den gesamten Vorausberechnungszeitraum hinweg angenommen, wobei der jährliche Saldo von anfangs 196 000 auf zuletzt 10 000 Personen fällt. Um den Effekt der Ausländermigration auf die Bevölkerungsentwicklung aufzuzeigen, wurde für diese Migrantengruppe für den Zeitraum zwischen 1996 und 2039 im

- *Modell A* ein mittlerer jährlicher positiver Saldo von 100 000 Personen und im
- *Modell B* von 200 000 Personen angenommen.
- *Modell K* enthält als Kontrollvariante einen ausgeglichenen Saldo.

Korrespondierend mit den Modellen für Ausländer, wird ein kontinuierlicher Anstieg der jährlichen Einbürgerungszahlen eingerechnet:

- *Modell A:* bis zum Jahr 2029 Anstieg auf 112 000, bis 2039 auf 130 000 Personen,
- *Modell B:* bis zum Jahr 2029 Anstieg auf 143 000, bis 2039 auf 170 000 Personen,
- *Modell K:* bis zum Jahr 2029 Anstieg auf 81 000, bis 2039 auf 90 000 Personen.

4.2. Ergebnisse

Für regierungsamtliche Stellungnahmen und Expertisen wurde für die Entwicklung des deutschen Bevölkerungsteils stets das Modell I als das mit der vermutlich größten Eintreffenswahrscheinlichkeit gewählt. Um zu zeigen, in welchem Bereich sich die Ergebnisse dieser Modellvariante zwischen denen der Modelle II und III bewegen, werden in Figur 7 alle drei Modelle jeweils mit dem Ausländermodell A kombiniert dargestellt.

Während demnach gemäß der „offiziellen" Variante (im Wesentlichen mit einer konstanten Geburtenhäufigkeit) bereits zur Jahrhundertwende der Schrumpfungsprozess eingeleitet und bis zum Jahr 2040 eine Bevölkerungszahl von 68,8 Mio. erreicht wird, würde die Gesamtbevölkerungzahl bei einem weiteren Rückgang der Fertilität auf 1,1 Kinder je Frau (Variante II) gar auf 65,1 Mio. Personen „implodieren". Dies ist jedoch wie auch ein Anstieg der Geburtenhäufigkeit auf 1,6 Kinder je Frau (Variante III) derzeit nicht sehr wahrscheinlich – es gibt kein stichhaltiges theoretisches Konzept, wel-

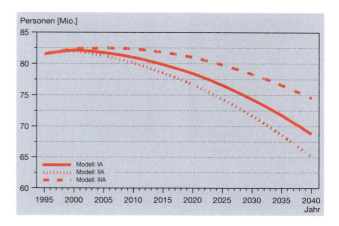

Fig. 7 Modellrechnungen zur Bevölkerungsentwicklung in Deutschland (variierende Fertilität, niedriger positiver Ausländer-Wanderungssaldo) 1995–2040 (Statistisches Bundesamt, Bundesinstitut für Bevölkerungsforschung)
Model calculations of population development in Germany (varying fertility, low positive net migration rate of foreigners)

Fig. 8 Modellrechnungen zur Bevölkerungsentwicklung in Deutschland (Modell I, variierender Wanderungssaldo für Ausländer) 1995–2040 (Statistisches Bundesamt, Bundesinstitut für Bevölkerungsforschung)
Model calculations of population development in Germany (Model I, varying net migration rate of foreigners)

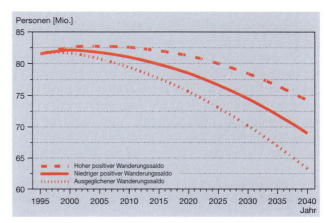

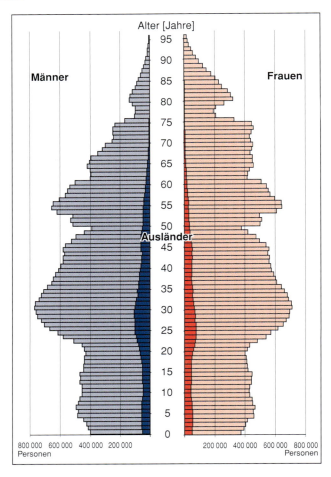

Fig. 9 Altersaufbau der deutschen und ausländischen Bevölkerung in Deutschland am 1. 1. 1995 (Bundesinstitut für Bevölkerungsforschung)
Age structure of the German and foreign population in Germany, 01-01-1995

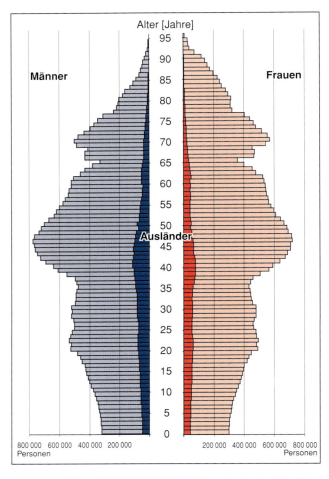

Fig. 10 Altersaufbau der deutschen und ausländischen Bevölkerung in Deutschland am 1. 1. 2010 (Bundesinstitut für Bevölkerungsforschung)
Age structure of the German and foreign population in Germany, 01-01-2010

ches eine deutliche Zu- oder Abnahme der Geburtenziffern in nächster Zukunft schlüssig implizierte. Aber auch unter Annahme der Variante III würde die Bevölkerungszahl spätestens von der zweiten Hälfte des nächsten Jahrzehnts ab rückläufig werden und gegen Ende des Berechnungszeitraums nur noch 74,5 Mio. betragen – und dies bei einem angenommenen Gesamt-Wanderungsüberschuss von rund 7 Mio. Personen.

In einem weiteren Bild wird umgekehrt das Modell I für die deutsche Bevölkerung mit den drei verschiedenen Modellen für die Entwicklung der ausländischen Bevölkerungszahl kombiniert (Fig. 8).

Auf den ersten Blick stellen sich die Verlaufskurven als identisch mit denen der vorigen Abbildung dar: Alle drei Modelle zeigen, dass Deutschland unter den getroffenen Annahmen nicht um eine Schrumpfung der Bevölkerungszahl herumkommen wird. Am stärksten wäre der Rückgang bei ausgeglichenem Wanderungssaldo der Ausländer, nämlich auf 63 Mio. Personen bzw. um 24 %. Jedoch selbst bei Annahme einer jährlichen Nettowanderung von +200 000 Personen oder einem Gesamt-Wanderungsüberschuss von nahezu 10 Mio. Ausländern und wiederum 2,5 Mio. Deutsch-stämmigen wäre die derzeitige Bevölkerungszahl nicht zu halten – sie würde bis auf 74,1 Mio. zurückgehen.

BIRG berechnete, wie hoch der jährliche Wanderungsüberschuss sein müsste, um die jetzige Bevölkerungszahl zu halten: Bei Konstanz einer Geborenenzahl von 1,4 Kindern je Frau müsste der Saldo ständig ansteigen und in 35 bis 40 Jahren bereits um 600 000 bis 700 000 liegen. Bei durchschnittlich 1,2 Geburten wäre bereits ein Saldo von rund 800 000 erforderlich, bei 1,6 Geburten immer noch einer zwischen 400 000 und 500 000. „Solche exorbitant hohen Einwanderungsüberschüsse würden die Integrationsfähigkeit der Gesellschaft auf die Dauer wahrscheinlich weit überfordern. Deshalb ist eine Bevölkerungsschrumpfung bei gleichzeitigen, niedrigeren Einwanderungsüberschüssen die vernünftige Alternative" (BIRG 1998, S. 234 ff.).

Bemerkenswert an dieser demographischen Entwicklung ist weniger der Rückgang der Zahl als vielmehr die zunehmende Alterung der Bevölkerung, deren Auswirkungen bereits spürbar sind und in den kommenden Jahrzehnten zu gravierenden Problemen bei der Anpassung des Sozialsystems an die sich ändernden demographischen Rahmenbedingungen führen werden.

Die zukünftige Bevölkerungsentwicklung in Deutschland

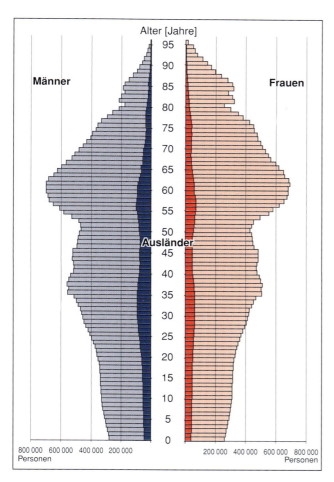

Fig. 11 Altersaufbau der deutschen und ausländischen Bevölkerung in Deutschland am 1. 1. 2025 (Bundesinstitut für Bevölkerungsforschung)
Age structure of the German and foreign population in Germany, 01-01-2025

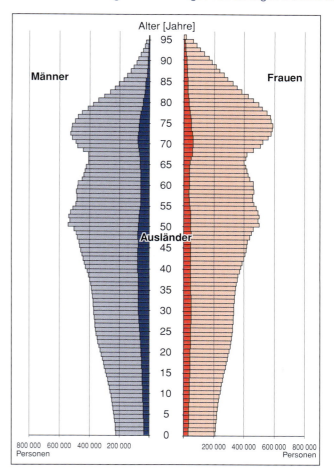

Fig. 12 Altersaufbau der deutschen und ausländischen Bevölkerung in Deutschland am 1. 1. 2040 (Bundesinstitut für Bevölkerungsforschung)
Age structure of the German and foreign population in Germany, 01-01-2040

Die Abbildungen für den Altersaufbau der deutschen und ausländischen Bevölkerung im Basisjahr 1995 sowie für die Ergebnisse der Modellrechnungen (jeweils Modell IA) veranschaulichen eindrücklich, was sich hinter dem Schlagwort „demographischer Wandel" verbirgt (Fig. 9 bis 12).

Bei der „Alterspyramide" des Jahres 1995 (Fig. 9) ist vor allem auf die starke Besetzung der Altersklasse der 25- bis 35-Jährigen hinzuweisen – ein Ergebnis des Babybooms in den 60er Jahren, als in den beiden deutschen Staaten zusammen jährlich noch mehr als 1,3 Mio. Kinder geboren wurden, im Gegensatz zu nur noch 800 000 in den 90er Jahren. Das heißt, der erwartete Echoeffekt, ein erneuter Geburtenanstieg aufgrund des Hineinwachsens der geburtenstarken Jahrgänge in das reproduktionsfähige Alter, ist nahezu ausgeblieben. Der seit der ersten Hälfte der 70er Jahre anhaltende Gestorbenenüberschuss ist lediglich durch Wanderungsüberschüsse aufgewogen bzw. überkompensiert worden. Allerdings erkennt man an der Altersgliederung auch, dass gerade die geburtenstarken Jahrgänge durch Wanderungsüberschüsse noch zusätzlich verstärkt wurden. Insgesamt vermitteln die durch den Geburtenrückgang verursachten Verwerfungen in der unteren Hälfte der Abbildung einen Eindruck von den Entwicklungen, die zu dem geführt haben, was heute unter dem Topos „demographischer Wandel" diskutiert wird.

Im Verlauf der nächsten Jahrzehnte ist eine ständig sinkende Geborenenzahl zu erwarten, die dazu führen wird, dass im Jahre 2025 die 54- bis 67-Jährigen und im Jahre 2040 die 72- bis 74-Jährigen die am stärksten besetzten Altersklassen in der Bevölkerung der Bundesrepublik sein werden – die Alterspyramide ist dann auf den Kopf gestellt.

Die Proportionen der Altersgruppen zueinander werden sich in den kommenden Jahrzehnten einschneidend verändern: Der Anteil der Kinder und Jugendlichen (unter 20-Jährige) wird von 1995 bis 2040 von 21,5 % auf 15,1 % zurückgehen, der Anteil der Älteren (65 Jahre und älter) sich dagegen von 15,4 % auf 30,6 % nahezu verdoppeln (Fig. 13). In den Bevölkerungswissenschaften werden hierzu spezielle Altersgruppenquotienten berechnet, welche beziffern, wie viele Personen im Kindes- und Jugendalter (Jugendquotient) bzw. im Rentenalter (Altenquotient) von 100

Gruppe		Bevölkerung im Jahr					
		1995	2000	2010	2020	2030	2040
Insgesamt	[1000]	81 539	82 182	81 036	78 445	74 347	68 800
Unter 20 Jahre	[1000]	17 552	17 457	14 960	13 040	11 960	10 375
	[%]	21,5	21,2	18,5	16,6	16,1	15,1
20 bis unter 65 Jahre	[1000]	51 445	51 493	49 966	48 414	42 512	37 406
	[%]	63,1	62,7	61,7	61,7	57,2	54,4
65 Jahre und älter	[1000]	12 542	13 232	16 110	16 990	19 875	21 020
	[%]	15,4	16,1	19,9	21,7	26,7	30,6
Ausländeranteil	[%]	8,7	9,5	10,9	12,1	12,9	13,4
Jugendquotient[1]		34,1	33,9	29,9	26,9	28,1	27,7
Altenquotient[2]		24,4	25,7	32,2	35,1	46,8	56,2
Gesamtquotient[3]		58,5	59,6	62,2	62,0	74,9	83,9

[1] Unter 20-Jährige pro 100 Personen im erwerbsfähigen Alter
[2] 65-Jährige und Ältere pro 100 Personen im erwerbsfähigen Alter
[3] Jugendquotient + Altenquotient

Fig. 13 Bevölkerungsentwicklung nach funktionalen Altersgruppen (Modell IA) 1995–2040
(BMI: Modellrechnungen zur Bevölkerungsentwicklung in der BRD bis zum Jahr 2040)
Population development by functional age groups (model IA) 1995–2040

Handlungsbedarf feststellen und Empfehlungen geben für notwendige politische Entscheidungen" (Deutscher Bundestag 1998, S. 25). Mit den Kapiteln „Soziale Dienste", „Gesundheit und Pflege", „Wirtschaft und Arbeit", „Alterssicherungssystem", „Familie und soziale Netzwerke" sowie „Migration und Integration" werden die Themen angesprochen, die bereits heute im Zentrum der öffentlichen Debatten stehen, aber mehr noch in den kommenden Jahren und Jahrzehnten Wissenschaft und Politik vor besondere Herausforderungen stellen werden. Insbesondere auf die regionalen Effekte sowie auf einige ausgewählte sozioökonomische Auswirkungen des sich vollziehenden demographischen Wandels soll im Folgenden näher eingegangen werden.

Personen im erwerbsfähigen Alter „ernährt" werden müssen: Dieser Jugendquotient wird sich zwischen 1995 und 2040 von 34,1 auf 27,7 verringern, der Altenquotient von 24,4 auf 56,2 mehr als verdoppeln, wobei der steilste Anstieg im dritten und vierten Jahrzehnt des nächsten Jahrhunderts zu erwarten ist. Die Summe beider Quotienten, der Gesamtquotient, erhöht sich unter den Annahmen des Modells IA ebenfalls, und zwar von 58,5 auf 83,9. Während die „Belastung" durch Kinder nahezu individuell bestimmt werden kann, weil diese Kosten zum größten Teil von den Familien getragen werden, sind die Kosten für die Versorgung der Älteren überwiegend sozialisiert, d. h., die Belastung des erwerbstätigen Teils der Bevölkerung zur Finanzierung des Alterssicherungssystems wird deutlich steigen, gleich, ob das aktuelle System beibehalten wird oder neue Formen der Alterssicherung gefunden werden.

5. Sozioökonomische Auswirkungen

Seit Okber 1998 liegt mit dem Zweiten Zwischenbericht der Enquete-Kommission „Demographischer Wandel" des Deutschen Bundestages ein in seiner Art bisher einzigartiges Kompendium vor, das nicht nur die bisherige demographische Entwicklung in Deutschland beschreibt und analysiert, sondern vor allem auch mit der Zielstellung angefertigt wurde, „die gesellschaftlichen Rahmendaten im Zusammenhang mit dem demographischen Wandel aufzuarbeiten". Gemäß dieser Aufgabenstellung sollte die Kommission „bewerten, welche gesellschaftlichen, ökonomischen und sozialen Auswirkungen für alle Generationen sich aus dem demographischen Wandel ergeben, [...] den absehbaren

5.1. Demographische Alterung und Arbeitsmarkt

Entwicklungen auf dem Arbeitsmarkt vollziehen sich im Zusammenspiel von Arbeitskräfteangebot und -nachfrage. Während die Nachfrage indirekt z. B. über das Konsumverhalten auch von der demographischen Entwicklung abhängt, sind hierbei jedoch vor allem endogene und exogene Einflussgrößen wie Wirtschaftswachstum, Investitionen, politische Lage und politisches Handeln und Stimmungslagen wirksam. Die Entwicklung des Arbeitskraftangebots ist dagegen in erster Linie vom Verlauf der Geburten- und Sterblichkeitsentwicklung sowie vom demographischen Effekt der Wanderungen abhängig, also von der Bevölkerungsstruktur bzw. exakter von der Zahl, dem Anteil und der Struktur der Personen im erwerbsfähigen Alter. Diesen „aktiven" Bevölkerungsteil bestimmt man als Männer und Frauen im Alter von 20 bis unter 65 Jahren. Diese Altersklasse wird sich nach der Modellvariante IA von 51,4 Mio. 1995 auf 37,4 Mio. im Jahre 2040 verringern (Fig. 13). Das Erwerbspersonenpotential schrumpft um 27,3 %, was mit einer Verringerung des Anteils der Personen im erwerbsfähigen Alter von 63,1 % auf 54,4 % verbunden ist.

Die Enquete-Kommission „Demographischer Wandel" stützt in ihrem Bericht (Deutscher Bundestag 1998) die Analysen zur Entwicklung von Arbeitsangebot und -nachfrage vor allem auf Gutachten der Wirtschaftsforschungsinstitute Prognos, Institut der deutschen Wirtschaft (IW) und Institut für Wirtschaftsforschung (ifo) sowie des Instituts für Arbeitsmarkt- und Berufsforschung (IAB). Auch diese prognostizieren durchgehend einen mehr oder weniger starken Bevölkerungsrückgang mit einer Bandbreite von 66 Mio. bis 79 Mio. Einwohnern im Jahre 2040 mit ähnlichen altersstrukturellen Auswirkungen, wie oben am Beispiel der BMI-Modellrechnung beschrieben. Daraus werden von der Kommission ein besonders starker Rückgang der Gruppe des ausgebildeten Arbeitskräftenachwuchses zwischen 25 und 35 Jahren und von der Jahrhundertwende an ebenfalls ein Sinken der sog. Stammbelegschaft (35 bis 45 Jahre) erwartet (Deutscher Bundestag 1998, S.114).

Wie aus Figur 13 abgeleitet werden kann, wird spätestens ab dem Jahr 2010 das Arbeitsangebot stark rückläufig sein. Die Kommission schätzt eine Abnahme des Erwerbspersonenpotentials um 3,9 Mio. bis 6,7 Mio. Personen. Hiervon möglicherweise ausgehende entlastende Auswirkungen auf der Angebotsseite nach dem Jahr 2010 werden nur sehr zurückhaltend angesprochen – zwar würden die demographischen Effekte die Wirkungen des erwarteten Anstiegs der Frauenerwerbstätigkeit und des Wanderungsüberschusses übertreffen, „allerdings sei die Arbeitsnachfrageseite nicht unabhängig von der Arbeitsangebotsseite zu sehen und vice versa" (Deutscher Bundestag 1998, S. 117). Insofern sei der Entlastungseffekt für den Arbeitsmarkt möglicherweise zu relativieren.

Zweifellos wird es – abgesehen von der quantitativen Veränderung des Erwerbspersonenpotentials – auch einen nicht zu unterschätzenden altersstrukturellen Effekt geben, verbunden mit höheren Arbeitskosten und der Befürchtung einer geringeren Leistungsfähigkeit bzw. Arbeitsproduktivität älterer Arbeitskräfte. Die Alterung der Bevölkerung im erwerbsfähigen Alter wird allerdings nicht so deutlich ausfallen wie die der Bevölkerung insgesamt, da der größte Alterungseffekt in der Zunahme des Anteils der Personen zu erwarten ist, die bereits aus dem Erwerbsleben ausgeschieden sind. Im Gegensatz zur Gesamtbevölkerung, für die eine Erhöhung des Durchschnittsalters zwischen 1995 und 2040 von 40 auf 48,2 Jahre errechnet wude, wird sich das Alter der Bevölkerung im Erwerbsalter im Durchschnitt lediglich von 39,7 auf ca. 42 Jahre erhöhen. Immerhin wird ein erhöhter Bedarf an Qualifizierungsmaßnahmen gesehen, „um im internationalen Wettbewerb auch mit älter werdenden Belegschaften bestehen zu können" (Deutscher Bundestag 1998, S. 150).

5.2. Das jetzige System der Alterssicherung – ein Auslaufmodell

Einen breiten Raum nimmt im Kommissionsbericht die Diskussion über die Auswirkungen des demographischen Wandels auf das Alterssicherungssystem ein. Es sollen hier nicht die verschiedenen und äußerst kontrovers diskutierten Modelle zur Lösung des Problems der Alterssicherung vorgestellt und bewertet werden. Es muss genügen, daran zu erinnern, dass die kürzlich verfügte Erhöhung des Renteneintrittsalters sowie die Modifizierungen des Rentenanpassungssystems in engem Zusammenhang mit dem Geburtenrückgang und der verlängerten Lebenserwartung zu sehen sind. Angesichts der weiteren demographischen Entwicklung bis 2030 oder 2040, konkret: der noch zu erwartenden proportionalen Verschiebung der Altersklassen zueinander, ist unmittelbar einleuchtend, dass die eigentlichen Umwälzungen im System der sozialen Sicherung noch bevorstehen.

5.3. Die Auswirkungen des demographischen Wandels in regionaler Differenzierung

Der demographische Wandel selbst sowie seine regionalen Begleiterscheinungen verlaufen nicht völlig synchron, sondern zeitversetzt und mit unterschiedlicher Intensität. Bereits im Bericht über die Bevölkerungsentwicklung in der Bundesrepublik Deutschland, der 1980 im Auftrag der Bundesregierung von der Interministeriellen Arbeitsgruppe Bevölkerungsfragen erarbeitet wurde und sich vor allem auf das damalige Bundesgebiet bezog, wurden in einer Karte sowie in Tabellen regionale Unterschiede der Geburtenhäufigkeiten in den Stadt- und Landkreisen dargestellt, die – ausgedrückt in Form der Nettoreproduktionsziffer – für das Jahr 1976 Werte von unter 0,50 bis über 1,20 auswiesen (Deutscher Bundestag 1980, S. 28 ff.). Die niedrigste Geburtenhäufigkeit wurde in den hoch verdichteten, die höchste in den ländlich geprägten Regionen gemessen – eine Feststellung, die auch heute noch gilt, allerdings auf einem inzwischen niedrigeren Niveau.

Im zweiten Teil dieses Berichts von 1984 wurden die Auswirkungen des noch nicht so genannten demographischen Wandels unter anderem auf die Raumordnung, die räumliche Infrastruktur und die Umwelt behandelt. Im Grunde waren die uns heute beschäftigenden Probleme bereits damals benannt, wie z. B. der Strukturwandel des öffentlichen Personennahverkehrs und des Einzelhandels in von Abwanderung bedrohten ländlichen Räumen sowie deren Versorgung mit Leistungen des Post- und Fernmeldewesens (Deutscher Bundestag 1984, S. 90 ff.).

Von den neuen Bundesländern abgesehen, in denen die sozialen und politischen Umwälzungen die Geburtenzahlen auf ein historisch wohl einmaliges Niveau absinken ließen, haben sich die regionalen Unterschiede im generativen Verhalten wie erwartet entwickelt: anhaltende Konvergenz der absoluten Kinderzahlen je Frau auf niedriger Ebene, jedoch weitgehende Konstanz der relativen Unterschiede zwischen den Gebietstypen. Für die Zukunft gibt es keine Anzeichen dafür, dass sich der angesprochene Gradient entlang dem siedlungsstrukturellen Gefälle wesentlich verändern wird. Auch nach der Wiederherstellung der traditionellen räumlichen Muster werden die neuen Bundesländer infolge von Geburtendefiziten, aber auch infolge negativer Nettowanderungen mit leichten Bevölkerungsabnahmen rechnen müssen. Auch WENDT (1994, S. 538) ist überzeugt, dass für Ostdeutschland im

Ganzen zumindest mittelfristig negative Wanderungssalden prägend sein werden.

Die in der Migrationsforschung seit langem bekannten Effekte, wie vor allem die Altersselektivität in Bezug auf Wanderungsfrequenz, Richtung und Distanz, werden auch in Zukunft die regionale Differenzierung der demographischen Strukturen determinieren. Bei anhaltendem Suburbanisierungsprozess wird der Zug der jüngeren „Bildungswanderer" und unverheirateten jüngeren Erwerbstätigen in die Kernstädte und der „Familienwanderer" in deren Umland die kleinräumige demographische Differenzierung in den hoch verdichteten Regionen bestimmen. Ältere Migranten werden eher den Dekonzentrationsprozess und eine Überalterung in den bevorzugten weniger verdichteten Regionen bewirken. Durch die Wanderungsverflechtungen mit dem Ausland werden die demographischen Unterschiede zwischen den Regionen noch verstärkt.

In seiner Stellungnahme zur künftigen Bevölkerungsentwicklung in den Regionen Deutschlands analysiert BUCHER (1996) die qualitativen und quantitativen Auswirkungen der demographischen auf die regionalen Strukturen bis zum Jahr 2010 auf der Basis einer Vorausschätzung, die im Unterschied zur Modellrechnung des BMI von einem Bevölkerungsanstieg auf über 85 Mio. Einwohner ausgeht. Er prognostiziert eine weiter zurückgehende Mobilitätsbereitschaft bei den jüngeren Altersgruppen und eine Zunahme der Altenwanderungen. Infolge des Umzugs der Bundesregierung nach Berlin werden geringere jährliche Wanderungsverluste der neuen gegenüber den alten Bundesländern erwartet. Zwischen den Regionen der neuen Länder wird eine Zunahme der Mobilität erwartet, ohne die Frequenzen der westlichen Regionen zu erreichen. In den bereits hoch verdichteten Regionen im Westen und Süden des Bundesgebiets erwartet BUCHER einen erhöhten Migrationsdruck aus dem Ausland, der eventuell durch die wachsenden Agglomerationsnachteile abgeschwächt wird, nämlich durch niedrige Geburtenhäufigkeiten und Abwanderungen in andere Regionen.

In demographischer Hinsicht werden bedeutsame Entwicklungsunterschiede für die siedlungsstrukturellen Raumkategorien erwartet. Während die stärksten absoluten Bevölkerungszunahmen von fast 2,5 Mio. bzw. knapp 2,0 Mio. auf die Regionen mit großen Verdichtungsräumen und auf die Regionen mit Verdichtungsansätzen entfallen, ist in den ländlich geprägten Regionen mit den stärksten relativen Zunahmen zu rechnen – jedoch mit Ausnahme der peripheren, gering besiedelten Räume. Letztere werden vor allem Binnenwanderungsverluste und relative Sterbeüberschüsse haben, die denen der hoch verdichteten Regionen vergleichbar sind. Das Bevölkerungswachstum in den übrigen ländlich geprägten Regionen resultiert aus Binnenwanderungsgewinnen, die das geringe Geburtendefizit überkompensieren können.

In den neuen Ländern führt der Geburtenrückgang zu gravierenden altersstrukturellen Verwerfungen. In peripheren ländlichen Gebieten, die schon heute ökonomisch, infrastrukturell und ökologisch benachteiligt sind, wird sich die Zahl der Jugendlichen halbieren und damit die Basis für die wirtschaftliche Entwicklung fehlen.

Eine besondere Beachtung findet in BUCHERs Stellungnahme der Alterungsprozess in seiner regionalen Differenzierung. Auch hier zeigen sich wieder uneinheitliche Tendenzen. In den westlichen Bundesländern wird ein unter den gegebenen Rahmenbedingungen „normaler" Verlauf erwartet, nämlich leicht höhere Zuwachsraten des Anteils alter Menschen in den dünner besiedelten als in den hochverdichteten Regionen. Innerhalb der Agglomerationen wird eine starke Alterung des Umlandes, dagegen eine schwächere der Kernstädte prognostiziert. In den neuen Ländern werden gravierendere Unterschiede erwartet: Einem Anstieg des Anteils alter Menschen von nahezu 50 % in den ländlich geprägten Regionen stehen niedrige Zuwächse von unter 20 % in den Regionen mit großen Verdichtungsräumen gegenüber (BUCHER 1996, S. 9 ff.).

Um es zum Schluss noch einmal zu wiederholen: Nicht die schrumpfende Bevölkerungszahl stellt für die heutige Gesellschaft und mehr noch für die nachwachsenden Generationen die eigentliche Herausforderung dar. Vor 60 Jahren lebten im Gebiet der heutigen Bundesrepublik ca. 60 Mio. Menschen, und niemand empfand dies als bedrohlich unterbevölkert – eher wurde das Gegenteil propagiert. Es ist die ungünstige Entwicklung der Altersstruktur, die unser Gesellschaftssystem vor Belastungsproben stellen wird. Es wird dringend Zeit, sich der demographischen Herausforderung zu stellen.

Literatur

BEER, J. DE, BROEKMAN, R., et al. (1999): New Population Scenarios for Europe: Uniformity or Diversity? Statistical Office of the European Communities (Eurostat), Joint ECE-Eurostat Work Session on Demographic Projections. Perugia.

BIRG, H., FILIP, D., FLÖTHMANN, E.-J., et al. (1997): Zur Eigendynamik der Bevölkerungsentwicklung der 16 Bundesländer Deutschlands im 21. Jahrhundert. Ein multiregionales Bevölkerungsmodell mit endogenen Wanderungen. Materialien des Instituts für Bevölkerungsforschung und Sozialpolitik (IBS) der Universität Bielefeld, **42**.

BIRG, H. (1998): Demographisches Wissen und politische Verantwortung. Überlegungen zur Bevölkerungsentwicklung Deutschlands im 21. Jahrhundert. Zeitschrift für Bevölkerungswissenschaft, **23** (3): 221–251.

BUCHER, H. (1996): Künftige Bevölkerungsentwicklung in den Regionen Deutschlands. Stellungnahme zur Öffentlichen Anhörung der Enquete-Kommission „Demographischer Wandel" am 15. Januar 1996. Bonn.

Bundesforschungsanstalt für Landeskunde und Raumordnung (1994): Raumordnungsprognose 2010. Informationen zur Raumentwicklung, **12**.

Bundesministerium des Innern (o. J.): Modellrechnungen zur Bevölkerungsentwicklung in der Bundesrepublik Deutschland bis zum Jahr 2040. Bonn.

Deutscher Bundestag (1980): Bericht über die Bevölkerungsentwicklung in der Bundesrepublik Deutschland. 1. Teil: Analyse der bisherigen Bevölkerungsentwicklung und Modellrechnungen zur künftigen Bevölkerungsentwicklung. Drucksache 8/4437.

Deutscher Bundestag (1984): Bericht über die Bevölkerungsentwicklung in der Bundesrepublik Deutschland. 2. Teil: Auswirkungen auf die verschiedenen Bereiche von Staat und Gesellschaft. Drucksache 10/863.

Deutscher Bundestag (1998): Zweiter Zwischenbericht der Enquete-Kommission „Demographischer Wandel – Herausforderungen unserer älter werdenden Gesellschaft an den einzelnen und die Politik". Drucksache 13/11460.

Dorbritz, J., & K. Gärtner (1998): Bericht 1998 über die demographische Lage in Deutschland. Zeitschrift für Bevölkerungswissenschaft, **23** (4): 373–458.

Eurostat (1998): Bevölkerungsstatistik. Themenkreis 3, Bevölkerung und soziale Bedingungen.

Höhn, Ch. (1996): Bevölkerungsvorausberechnungen für die Welt, die EU-Mitgliedsländer und Deutschland. Zeitschrift für Bevölkerungswissenschaft, **21** (2): 171–218.

Höhn, Ch. [Hrsg.] (1998): Demographische Trends, Bevölkerungswissenschaft und Politikberatung. Opladen. = Schriftenreihe des Bundesinstituts für Bevölkerungsforschung, **28**.

Höhn, Ch., & K. M. Bolte et al. (1987): Mehrsprachiges Demographisches Wörterbuch. Boppard. = Schriftenreihe des Bundesinstituts für Bevölkerungsforschung, Sonderband **16**.

Jong, A. de, & H. Visser (1997): Long-term international migration scenarios for the European Economic Area. Eurostat Working Papers, Population and social conditions. Luxembourg.

Lutz, W., & S. Scherbov (1998): Probabilistische Bevölkerungsprognosen für Deutschland. Zeitschrift für Bevölkerungswissenschaft, **23** (2): 83–108.

Mammey, U. (1984): Bevölkerungsentwicklung in den beiden deutschen Staaten. Geogr. Rundschau, **36**: 553–559.

Romaniuc, A. (1991): Bevölkerungsvorausschätzungen als Voraussage, Simulation und Zukunftsanalyse. Zeitschrift für Bevölkerungswissenschaft, **17** (4): 395–410.

Schulz, R. (1997): Soziographische Aspekte der internationalen Wanderungen aus dem mediterranen Raum in die EU. Zeitschrift für Bevölkerungswissenschaft, **22**: 511–536.

Wendt, H. (1993): Wanderungen nach und innerhalb von Deutschland unter besonderer Berücksichtigung der Ost-West-Wanderungen. Zeitschrift für Bevölkerungswissenschaft, **19** (4): 538.

Manuskriptannahme: 7. August 1999

Prof. Dr. Ulrich Mammey, Bundesinstitut für Bevölkerungsforschung, Postfach 5528, Friedrich-Ebert-Alle 4, 65180 Wiesbaden
E-Mail: ulrich.mammey@statistik-bund.de

Anzeige

Die Geographie umfasst naturwissenschaftliche, geisteswissenschaftliche und sozialwissenschaftliche Erkenntnisse nicht in additiver, sondern in integrativer Sichtweise. Dieses Buch will in das geographische Denken und Arbeiten einführen. Dabei treten die Inhalte des Faches gegenüber der Einführung in Erkenntnistechniken zurück: Nicht Raum und Zeit als Objekte geographische Erkenntnisstrebens werden behandelt, sondern Vorgehensweisen, diese Gegenstände zu erfassen, zu beschreiben und ihre Strukturen sowie die ablaufenden Prozesse zu erklären. Dies folgt der Einsicht, dass in der ständig zunehmenden Menge an Wissen und Information nicht mehr das lexikalische Wissen zählt, sondern die Fähigkeit, sein Wissen ständig zu erneuern und einzuordnen. Dazu behandelt dieses Buch Basismethoden, von denen aus Pfade zu spezifischeren Methoden führen. Ferner bietet es eine Hilfestellung bei der Erarbeitung von Studien- und Lerntechniken.

160 Seiten, 55 Abbildungen,
ISBN 3-623-00649-1
DM 38,–

Axel Borsdorf

Geographisch denken und wissenschaftlich arbeiten

Klett

KLETT-PERTHES

© 2000 Justus Perthes Verlag Gotha GmbH

http://www.popexpo.net

6 milliards d'Hommes

Unter dieser Adresse findet sich eine Internet-Adaption der Ausstellung „6 milliards d'Hommes" des Musée de l'Homme, einer Abteilung des Muséum National d'Histoire Naturelle in Paris. Die sowohl in englischer wie französischer Sprache verfassten Seiten bieten eine didaktisch gelungene Aufbereitung der globalen Bevölkerungsproblematik.

http://www.nidi.nl/links/nidi6000.html

Netherlands Interdisciplinary Demographic Institut

Das Niederländische Interdisziplinäre Demographische Institut (NIDI) unterhält auf dieser Seite eine gut gepflegte, aktuelle und ständig wachsende Liste von demographischen Internetadressen bereit. Die Homepage ist sachlich und übersichtlich angelegt (Fig. 2). Sie gliedert die Adressen in Forschungsinstitute und -organisationen, Informationsquellen, Volkszählungen und Datenquellen, Literatur, Konferenzen sowie Software und demographische Modelle.

http://www.dsw-online.de

Deutschen Stiftung Weltbevölkerung

Die Homepage der Deutschen Stiftung Weltbevölkerung (DSW) stellt auf ihrer sehr informativen Seite eigene Projekte in den Entwicklungs- und Industrieländern vor. Darüber hinaus finden sich sogenannte „Fact Sheets", die kurz und prägnant über bevölkerungspolitische Probleme und Indikatoren Auskunft geben. Eine umfassende Linkliste rundet das Angebot ab.

http://demography.anu.edu.au/VirtualLibrary/

Demography & Population Studies

Die Idee der WWW Virtual Libraries (http://www.vlib.org/) reicht in die Frühphase des World Wide Web zurück. Die virtuellen Bibliotheken werden von einem losen Verbund ehrenamtlicher Betreuer betrieben und kontinuierlich laufend gehalten. Die Abteilung Demography & Population Studies ist bei der Australian National University in Canberra angesiedelt.

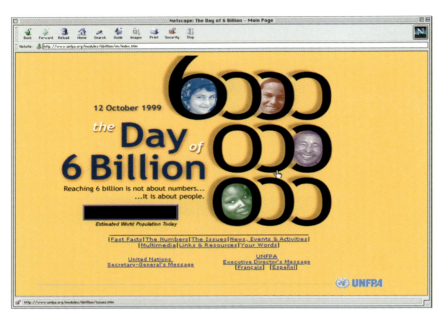

Fig. 1   UNFPA: 6 Milliarden sind nicht nur eine Zahl – es handelt sich um Menschen

http://www.unfpa.org/modules/6billion/en/index.htm

United Nations Population Fund

Diese Website des United Nations Population Fund bietet eine wahre Fundgrube an Informationen zu allen Aspekten des globalen Bevölkerungswachstums. Besonders hervorzuheben ist der Abschnitt Multimedia, der sehr instruktive Radioreportagen und Videoclips zu Bevölkerungsthemen in mehreren Sprachen bereithält (Fig. 1).

http://www.trmalthus.com

Essay on The Principle of Population

THOMAS R. MALTHUS' „Essay on The Principle of Population" aus dem Jahre 1798 zählt zu den Klassikern der Bevölkerungsforschung. Diese neomalthusianische Website bietet eine Volltextversion des Essays und eine Reihe von Links zu Seiten, die sich mit der Tragfähigkeitsproblematik und der Idee des „Zero Population Growth" beschäftigen.

http://international.metropolis.net/

International Metropolis Project

Das International Metropolis Project ist ein Forschungsverbund, der sich mit der Frage der in die großen Städte gerichteten internationalen Wanderungen beschäftigt. Über die internationale Einstiegsseite erhält man ausführliche Informationen zum Projektverbund und zu den beteiligten Partnern. Auf den nationalen Seiten stehen eine Fülle von frei verfügbaren Forschungsberichten und Materialien zum Download bereit. Eine Suchmaschine erschließt die umfangreichen Webseiten und gibt Zugriff auf die umfangreiche virtuelle Bibliothek des Projektverbundes.

Online

http://www.magnet.at/heilig/index2.html

International Union for the Scientific Study of Population

Eine weitere Linkliste zur Demographie stammt von GERHARD K. HEILIG, einem Mitarbeiter der International Union for the Scientific Study of Population (http://www.iussp.org). Die Seite ist untergliedert nach Online- und Offline-Veröffentlichungen, Datenquellen sowie Forschungszentren und Organisationen. Hinzu kommt ein Verzeichnis demographischer Software, die größtenteils kostenlos heruntergeladen werden kann.

http://www.geographie.uni-mannheim.de/akbevgeo/

Arbeitskreis Bevölkerungsgeographie

Der Arbeitskreis Bevölkerungsgeographie der Deutschen Gesellschaft für Geographie stellt sich auf einer eigenen Homepage vor. Er informiert über Ziele und Aufgaben des Arbeitskreises sowie seine Mitglieder und Veröffentlichungen. Im Vordergrund steht zur Zeit der Bevölkerungsband des Nationalatlas Bundesrepublik Deutschland. Alle an der Bevölkerungsgeographie Interessierten können Mitglied der Mailingliste werden (Fig 3).

Fig. 3 Aktuelle Informationen zum Bevölkerungsband des Nationalatlas Deutschland

http://www.census.gov/ftp/pub/ipc/www/idbnew.html

International Data Base

Aus dem kaum zu überbietenden Angebot der amerikanischen Volkszählungsbehörde (http://www.census.gov) ragt aus internationaler Sicht die International Data Base (IDB) hervor. Es handelt sich um eine umfangreiche Indikatoren- und Zeitreihensammlung für 227 Staaten und Territorien der Erde. Die Daten können nach individuellen Wünschen zusammengestellt und aufbereitet sowie in verschiedenen Formaten ausgegeben werden. Unter den vielfältigen Möglichkeiten der Datenaufbereitung ragen die Bevölkerungspyramdien heraus (http://www.census.gov/ipc/www/idbpyr.html), die sowohl in statischer Form für verschiedene Basisjahre (1950–2050) als auch in animierter Form ausgegeben werden können.

http://www.statistik-bund.de/allg/d/link/link98.htm

Statistisches Bundesamt Deutschland

Diese vom Statistischen Bundesamt zusammengestellte Sammlung von Internetadressen der statistischen Ämter in aller Welt entschädigt für das rudimentäre Datenangebot, welches die Wiesbadener Behörde auf ihrer Seite zur Verfügung stellt.

THOMAS OTT, Universität Mannheim

Fig. 2 Die Linkliste des NIDI ist eine Fundgrube für jeden demographisch Interessierten

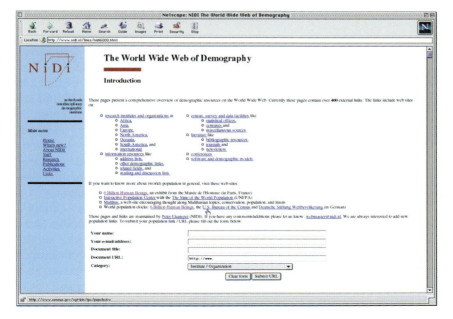

© 2000 Justus Perthes Verlag Gotha GmbH

Fischer Weltalmanach 2000 als CD-ROM

Seit mehr als drei Jahrzehnten hat sich der gedruckte Fischer Weltalmanach einen guten Namen als aktuelle und verlässliche Ergänzung zu Atlas und Lexikon gemacht. Im vierten Jahr liegt nunmehr eine CD-ROM-basierte Ausgabe vor (Der digitale Fischer Weltalmanach, ISBN 3-634-23-23260-9, DM 69,90, € 35,74), deren Funktionalität gegenüber den drei Vorgängern deutlich verbessert und erweitert wurde. Allerdings legt das Programm die Hürden der Systemsysteme eignen sich Windows 95, 98 und NT 4.0. Vor allem unter Windows NT lässt sich die Arbeitsgeschwindigkeit der Software durch mehr RAM deutlich steigern.

Die problemlose Installationsroutine offeriert drei Möglichkeiten: die Minimalinstallation begnügt sich mit den nötigsten Programmdateien, die Inhalte (Daten, Texte und Grafiken) verbleiben auf der CD-ROM. Die Standardinstallation kopiert demgegenüber die wichtigsten Daten- und Textdateien

Nach dem Programmstart öffnet sich das sogenannte Basisfenster, die „Navigationszentrale" des Weltalmanachs. Hier wählt der Benutzer zwischen den Rubriken Staaten, Personen, Organisationen, Wirtschaft, Umwelt, Kultur. Hat man einen dieser Punkte angeklickt, öffnet sich daneben die Liste der Länder, Personen, Wirtschafts-, Umwelt- bzw. Kulturthemen, aus der wiederum eine nähere Auswahl zu treffen ist. Eine Buchstabenleiste erleichtert dabei das Scrollen.

- Staaten: Zu jedem Staat der Erde sind die wichtigsten geographischen, demographischen und politischen Informationen, Daten zur Umwelt- und zur wirtschaftlichen Situation, Produktionsdaten in ausgewählten Industriezweigen sowie eine Chronik der wichtigsten Ereignisse verfügbar. Zu Deutschland, Österreich und der Schweiz gibt es darüber hinaus detaillierte landesspezifische Informationen, beispielsweise zu Regierungen und untergeordneten Verwaltungseinheiten.
- Personen: biographische Angaben zu Politikern und zu im letzten Jahr verstorbenen Personen des öffentlichen Lebens.
- Organisationen: eine Auswahl wichtiger internationaler Organisationen, die anhand ihres Aufbaus, ihrer Entwicklung und ihrer Aktivitäten im vergangenen Jahr charakterisiert werden. Ausführlicher behandelt werden UNO und EU.
- Wirtschaft: Der Wirtschaftsteil befasst sich mit Entwicklungen der Staaten und Regionen. Er liefert aktuelle Daten und Produktionsziffern aus Landwirtschaft, Bergbau und Industrie, Energiewirtschaft, Handel, Verkehr und Kommunikation.
- Umwelt: Hier werden Umweltveränderungen in globaler Sicht beschrieben. Dabei wird auf Atmosphäre, Boden, Wälder, biologische Vielfalt, Wasser und auf die Bevölkerungsentwicklung eingegangen. In einem

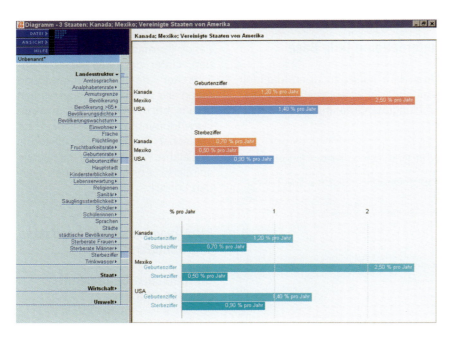

Fig. 1 Beispiel Diagrammfunktion

voraussetzungen recht hoch: gefordert werden ein PC mit Pentium 133, 32 Megabyte Arbeitsspeicher (RAM), eine SVGA-Grafikkarte (16 Bit Farben, 1024×768) sowie ein CD-ROM-Laufwerk. Als Betriebs-

(etwa 60 Megabyte) auf die Festplatte. Nutzt man den Weltalmanach häufiger, lohnt sich die Komplettinstallation, die dann aber auch mehr als 300 Megabyte auf der Festplatte belegt.

zweiten Abschnitt werden diese Aspekte, auf Deutschland bezogen, vertieft dargestellt.
- Kultur: Hier findet man Kultur-, Wissenschafts-, Friedens- und Nobelpreise mit den letztjährigen Preisträgern.
- Sonderbeiträge: Sie können auf alle oben genannten Themengebiete bezogen sein und beschreiben jeweils eine aktuelle Entwicklung oder einen aktuellen Sachverhalt.

Der *Personal Statistic Assistant* ermöglicht das individuelle Zusammenstellen von Daten. Ein Doppelklick auf einen Listeneintrag ruft die ausgewählten Daten in einem neuen Informationsfenster auf. Entsprechend der Windowskonvention können mit der Umschalt- und Steuerungstaste (bzw. Shift- und Control-Taste) Mehrfachauswahlen getroffen werden. Per *drag & drop* lassen sich Daten auch zusätzlich in ein bereits geöffnetes Fenster einfügen. Über eigene Informationsprofile können einmal definierte Auswahlen wieder aufgerufen werden. Mittels der *Active-Diagram-Technologie* können Daten auf einfache Weise zu Diagrammen (Fig. 1) und Tabellen (Fig. 2) zusammengestellt, verglichen, gedruckt und exportiert werden. Er-

fahrene Computernutzer und Internetsurfer erhalten über unterschiedliche Indizes und zahlreiche Hyperlinks einen raschen und flexiblen Zugriff auf die Informationsfülle. Die variable Benutzeroberfläche mit mehreren geöffneten Fenstern und variablen, d. h. vom dargestellten Inhalt abhängigen Menüs dürfte den Unerfahreneren dagegen eher verwirren. Er kann jedoch auch auf die zuverlässig arbeitende Volltextsuche zurückgreifen.

Fig. 3 Beispiel Rasterkarte

Die mitgelieferten Karten können einen Atlas nicht ersetzen. Die einzelnen Staaten und Territorien lassen sich mit ihren Grenzen auf einer vektoriellen Weltkarte anzeigen. Zudem steht für jedes Land eine Rasterkarte (Fig. 3) mit den administrativen Einheiten, Großstädten und Flüssen zur Verfügung. Die Rasterkarten lassen sich ebenso wie die Diagramme als GIF-Dateien abspeichern; für Texte und Tabellen steht das ASCII-Format zur Verfügung, wobei die Tabellen durch Tabulatoren in ihrer Struktur erhalten bleiben und somit leicht in anderen Anwendungen weiter bearbeitet werden können.

Die Entscheidung, ob sich die Mehrkosten von DM 45,– für die CD-ROM lohnen, muss letztlich jeder selbst treffen. Will man gelegentlich etwas nachschlagen, ist man mit dem Taschenbuch besser bedient. Für die digitale Ausgabe sprechen die vielfältigen tabellarischen und grafischen Vergleichsmöglichkeiten, die Suchfunktionen sowie die Möglichkeit, Texte, Daten und Grafiken in eigene Dokumente übernehmen zu können.

In Internet sind unter http://www.weltalmanach.de weitere Produktinformationen zu finden.

THOMAS OTT, Universität Mannheim

Fig. 2 Beispiel Tabellenfunktion

Außenwanderungen in Deutschland – Wandel der regionalen Muster in den 80er und 90er Jahren

Franz-Josef Kemper

11 Figuren im Text

International migration in Germany – Changing regional patterns in the 1980s and 1990s
Abstract: In this paper the regional patterns of international migration in Germany are investigated. For Germans as well as for foreigners, time-series of the years 1980–1995 in West Germany have been analysed. By means of factor analysis the regional immigration rates of Germans, mostly ethnic Germans from eastern Europe, can be divided into three periods, characterized by a shift from big cities to rural areas. In the 1980s, net migration rates of foreigners changed from phases of in-migration of family dependants to out-migration, both processes showing concentrations in metropolitan areas. Against that, deconcentration is prevalent for foreign migrants in the 1990s. For 1991–1995 the analyses are extended to united Germany. A specific factor reinforcing spatial concentration are social networks and chain migration. For selected nationalities of migrants it is shown that in most cases such chain migrations are important. In the final part of the paper, a projection of the future spatial population structure in Germany is given, under the assumption of further migration from abroad.
Keywords: regional pattern, international migration, Germany, time-series, factor analysis, periods, social networks, chain migration

Zusammenfassung: Der Beitrag untersucht die regionalen Muster der internationalen Wanderungen in Deutschland. Für die alten Bundesländer werden getrennt nach Deutschen und Ausländern Zeitreihen der Jahre 1980–1995 analysiert. Mithilfe der Faktorenanalyse konnten bei den deutschen Zuwanderern, vor allem Aussiedlern, drei Phasen abgegrenzt werden, die durch eine Verlagerung der Zuzüge von den Kernstädten in ländliche Räume gekennzeichnet sind. Die Wanderungssalden der Ausländer in den 80er Jahren werden durch Phasen der Zuwanderung im Rahmen der Familienmigration und der Abwanderung bestimmt, die jeweils auf die Verdichtungsräume konzentriert sind. Dagegen sind in den 90er Jahren auch bei den Ausländern Dekonzentrationen der Zuwanderungen zu erkennen. Für 1991–1995 können die Analysen auf das vereinte Deutschland erweitert werden. Ein spezifischer Faktor, der räumliche Schwerpunkte von Wanderungen verstärkt, sind soziale Netzwerke und Kettenwanderungen. Anhand von ausgewählten Nationalitäten wird gezeigt, dass solche Kettenwanderungen in den meisten Fällen eine bedeutsame Rolle spielen. Der Beitrag schließt mit einem Ausblick auf zukünftige räumliche Bevölkerungsstrukturen bei einer weiterhin zu erwartenden Zuwanderung nach Deutschland.
Schlüsselwörter: regionale Muster, internationale Wanderung, Deutschland, Zeitreihen, Faktorenanalyse, Phasen, soziale Netzwerke, Kettenwanderung

1. Einleitung

Die Zuwanderungen aus dem Ausland in die Bundesrepublik Deutschland haben zwischen 1988 und 1993 eine Größenordnung erreicht, die auch in der Hochphase der Gastarbeitermigration um 1970 nicht bestand. Per Saldo kamen in diesem Zeitraum fast 3,6 Mio. Migranten nach Deutschland, davon 1,3 Mio. Deutsche und 2,3 Mio. Ausländer. Bei den Deutschen handelt es sich vor allem um Aussiedler, bei den Ausländern um Asylbewerber, Flüchtlinge, Familiennachzügler und Arbeitsmigranten aus einigen Transformationsstaaten, mit denen entsprechende Programme vereinbart wurden. Aufgrund neuer Regulierungen des Aussiedlernachzugs und der Veränderungen der Asylgesetzgebung sind seit 1993 die Zuwanderungen nach Deutschland deutlich zurückgegangen. Der Wanderungssaldo, der 1992 ein Maximum von 788 000 Personen erreicht hatte, betrug 1996 noch 282 000 Personen und 1997 nur knapp 94 000 Personen. Überproportional fiel der Saldo der Ausländer von 593 000 Personen auf 149 000 Personen im Jahr 1996, als der langjährige Durchschnitt der Außenwanderungen von Ausländern seit Mitte der 50er Jahre leicht unterschritten wurde (GRÜNHEID & MAMMEY 1997), und erreichte im Jahre 1997 einen Abwanderungsüberschuss von –22 000 Personen, der vor allem durch die Rückführung von Bürgerkriegsflüchtlingen aus Bosnien bedingt ist.

Damit ist in den letzten Jahren eine gewisse „Normalisierung" der Außenwanderungen eingetreten. An dieser Stelle soll es besonders um die regionalen Muster der Migrationen in Deutschland gehen, um die Verteilungen der Zielgebiete nach Siedlungskategorien im Stadt-Land-Kontinuum und nach Großräumen inner-

Bevölkerungsentwicklung

halb des Bundesgebietes. Zu fragen ist nach veränderten Mustern im Laufe der Zeit, nach den Auswirkungen der starken Zuströme zu Beginn der 90er Jahre und danach, ob der jüngere Rückgang eine Rückkehr zu älteren Mustern mit sich gebracht hat. Letzteres ist sicher nicht im Fall der neuen Bundesländer zu erwarten, für die genauere Daten erst ab 1991 zur Verfügung stehen. Eine Überprüfung ist aber möglich für die alten Länder und soll hier für den Zeitraum 1980–1995 vorgenommen werden. Der Beitrag schließt mit einigen Überlegungen zur Rolle der zukünftigen Außenwanderungen in Deutschland. Bevor aber auf die Datensituation eingegangen wird, müssen in den folgenden Abschnitten die wichtigsten Migrationsprozesse und deren zeitliche Veränderungen zusammenfassend vorgestellt werden.

Fig. 1 Durch soziale Netzwerke induzierte Kettenwanderungen führten in Berlin-Kreuzberg zur lokalen Konzentration der immigrierten türkischen Bevölkerung (Foto: dpa)
Social networks inducing further immigration of family members and friends have resulted in a local concentration of immigrant Turks in the Kreuzberg district of Berlin (Foto: dpa)

2. Migrationsphasen und Netzwerke

In der Bundesrepublik Deutschland waren die 60er und frühen 70er Jahre eine Periode hoher Wanderungsintensität. Dies betrifft sowohl die Binnenwanderungen, die zu einer interregionalen Konzentration der Bevölkerung in Verdichtungsräumen und vor allem zur intraregionalen Dekonzentration der Suburbanisierung führten, als auch die Außenwanderungen. Wie in anderen westlichen Industrieländern kam es aufgrund stetigen Arbeitskräftebedarfs zur Anwerbung von „Gastarbeitern". Dieser Zustrom ausländischer Arbeitskräfte aus dem Mediterranraum nach West-, Nord- und Mitteleuropa ist als eine der „umfangreichsten Bevölkerungsbewegungen der Geschichte" bezeichnet worden (BÄHR 1997, S. 322). Die Ölkrise und die damit verbundene tief greifende Rezession waren jedoch Anzeichen dafür, daß der „Traum immerwährender Prosperität" (LUTZ 1989) zu Ende ging und das sich auf Massenproduktion wie Massenkonsum stützende fordistische Wirtschaftssystem krisenanfällig wurde. Es ist kein Zufall, dass der Anwerbestopp, der 1973 die reguläre Zuwanderung von Gastarbeitern plötzlich beendete, in engem zeitlichem Zusammenhang mit der Ölkrise stand. In den folgenden Jahren ging die Zahl ausländischer Beschäftigter in der Bundesrepublik zwar deutlich zurück, die Einwohner ausländischer Nationalität nahmen gleichwohl nach einer kurzen Phase des Rückgangs Mitte der 70er Jahre absolut wie prozentual zu, von 6,4 % im Jahre 1973 auf 7,6 % zehn Jahre später. Verantwortlich hierfür war eine Nachwanderung von Familienangehörigen, die Anfang der 80er Jahre ihren Höhepunkt erreichte und besonders die türkischen Migranten betraf. Als ungeplante Folge wurde aus der temporären Gastarbeitermigration eine längerfristige Einwanderung (Fig. 1).

Die ökonomische Restrukturierung, die mit den Stichworten Deindustrialisierung, Tertiärisierung und Reindustrialisierung beschrieben werden kann, hat nun schwerwiegende Folgen für die ausländischen Erwerbspersonen gehabt. Sie waren ja vor allem in denjenigen Branchen der Industrie beschäftigt, die einen starken Abbau von Arbeitskräften zu verzeichnen hatten, und vielfach in solchen Regionen ansässig, die von der Deindustrialisierung besonders betroffen waren. Die Konsequenz war eine zunehmende Arbeitslosigkeit der Ausländer (JONES 1994). Lag die Erwerbslosenquote der Ausländer bis 1973 unter derjenigen der deutschen Erwerbspersonen, so überstieg die Quote der Ausländer ab Mitte der 70er Jahre den Durchschnitt, zunächst nur um ein Geringes, ab 1982/1983 dann um etwa 5 Prozentpunkte. Von der Reindustrialisierung durch technologisch fortgeschrittene Produktionen, Mikroelektronik, Gentechnik usw. konnten die während der Gastarbeiterära nach Deutschland gekommenen Ausländer aufgrund ihrer unzureichenden Qualifikation nur wenig profitieren.

Die enge Verbindung zwischen Massenproduktion in Großunternehmen auf der einen, Massenzuwanderung von ausländischen Arbeitskräften auf der anderen Seite in der Spätphase des Fordismus hatte somit für die ausländischen Migranten gravierende Konsequenzen. Vielfach wird davon ausgegangen, dass im Übergang zu postfordistischen flexiblen Produktionsweisen nur wenig Arbeitsplätze für gering qualifizierte Beschäftigte entstehen. Dazu kommen die Effekte der Globalisierung und Auslagerung lohnintensiver Ferti-

Fig. 2 Die von 1924 bis 1928 im indischen Mogulstil in Berlin-Wilmersdorf errichtete Moschee – ein Zeitzeuge der historischen Dimension von Immigrationsprozessen (Foto: KEMPER 1999)
The mosque of Berlin-Wilmersdorf built 1924–1928 in the Indian Moghul style – witness to the historical dimension of immigration processes (Photo: KEMPER 1999)

überschritt und 1990 mit fast 400 000 Migranten ein Maximum erreicht hatte. Danach waren es Asylbewerber und Flüchtlinge, die einen Großteil der Zuwanderer nach Deutschland ausmachten. Zu einem beträchtlichen Teil basieren diese Ströme auf Folgewirkungen des politischen Zusammenbruchs im östlichen Europa, besonders im ehemaligen Jugoslawien, auf Bürgerkriegen, ethnischen Vertreibungen und Diskriminierung von Minoritäten.

Trotz der starken Zuwanderungen zu Beginn der 90er Jahre hat sich die Arbeitsmarktsituation der Ausländer in den alten Ländern damals nicht verschlechtert, sondern sogar verbessert. Zwischen 1988 und 1991 ist die Arbeitslosenquote der Ausländer von gut 14 % auf 11 % zurückgegangen (GRÜNHEID & MAMMEY 1997), um danach allerdings steil anzusteigen. Hier macht sich das mit dem Vereinigungsboom in Westdeutschland verbundene Beschäftigungswachstum bemerkbar, von dem auch Ausländer profitieren konnten. Doch spiegeln sich hierin auch tiefer liegende ökonomische Veränderungen wider. Allgemein hat vor allem SASSEN (z. B. 1996) argumentiert, dass das Beschäftigungssystem in den am weitesten entwickelten Staaten, und hier vor allem in den großen Städten, durch drei Prozesse charakterisiert ist. Neben dem Wachstum von unternehmensbezogenen Dienstleistungen und dem Rückgang des industriellen Sektors steht die „Informalisierung" (oder Destandardisierung) vieler ökonomischer Tätigkeiten, besonders von konsumorientierten Dienstleistungen. Durch Strategien, die Flexibilität maximieren sollen, Ausgliederung von nichtzentralen Tätigkeiten aus größeren Unternehmen, Teilzeit- und Zeitarbeitplätze kommt es zum Beschäftigungswachstum in einem Sektor, der aufgrund geringer Löhne und nichtstandardisierter Arbeitszeiten häufig von ethnischen Minoritäten und Migranten besetzt wird. Die hierzu notwendige Deregulierung der Arbeitsverhältnisse ist sicher in den USA, wo ein entsprechend hohes Beschäftigungswachstum zu verzeichnen ist, wesentlich ausgeprägter als in Deutschland, dennoch sind Tendenzen der entsprechenden Veränderungen auch hier vorhanden. Da es in Europa heute wenig Einreisemöglichkeiten für gering qualifizierte potentielle Migranten gibt, sind in solchen Arbeitsverhältnissen nicht selten irreguläre Migranten beschäftigt.

Sieht man von privilegierten Migranten wie den Aussiedlern oder bestimmten Kontingentflüchtlingen, von Personen aus Staaten der Europäischen Union und von Arbeitsmigranten aus einigen Transformationsländern ab, die begrenzte bilaterale Vereinbarungen zur temporären Beschäftigung in Deutschland nutzen, ist eines der dann noch übrigen offenen Tore zur Migration der Familiennachzug. Damit wird ein Faktor angesprochen, der soziale Netzwerke und Kettenwanderungen betrifft und der für internationale Migrationen heute allgemein von großer Bedeutung ist (BOYD 1989, GURAK & CACES 1992). In ihrem wichtigen Überblick zu Theorien der internationalen Migration haben MASSEY et al. (1993) unterschieden zwischen Theorien, die den Beginn einer

gung in Länder geringerer Lohnniveaus. FIELDING (1993) hat daraus den Schluss gezogen, dass Massenmigration im Postfordismus keine ökonomische Grundlage mehr hat.

Dennoch ist es ab 1988 in Deutschland zu einer neuen Welle von Massenzuwanderungen gekommen, die die fordistische Gastarbeitermigration deutlich übertrifft. Die Gründe dafür liegen vor allem im politischen Bereich, es sind aber auch ökonomische Faktoren im Zielland der Migration zu nennen, die ebenfalls in klassischen Einwanderungsländern wie den USA in den 80er und 90er Jahren zu hohen Zuwanderungszahlen geführt haben (KEMPER 1996). Bekanntlich war der Zusammenbruch der kommunistischen Regime im östlichen Europa mit umfangreichen Wanderungsbewegungen verbunden, die Deutschland in besonderer Weise betrafen. Die Übersiedlerwelle von Ost- nach Westdeutschland in den Jahren 1989/1990 war ein bedeutsamer Faktor, der eine schnelle Vereinigung beider deutscher Staaten nahe legte, um ein demographisches „Ausbluten" der DDR zu verhindern. Schon vorher setzte mit den Liberalisierungsmaßnahmen der Perestroikaperiode ein starker Zustrom von Aussiedlern ein, der 1988 erstmals die Marke von 200 000 Personen

Migration erklären, und solchen, die eine Perpetuierung von Wanderungsströmen ins Blickfeld nehmen. Die Netzwerktheorie gehört zu Letzteren und kann herangezogen werden, um zeitliche und räumliche Persistenzen von Migrationsbewegungen zu erklären. Der theoretische Ansatz geht von einem Phasenmodell aus, das mit der Wanderung von Pionieren beginnt. Wenn interpersonale Beziehungen zu den Heimatregionen intensiv sind, schaffen die Migranten im Laufe der Zeit eine „soziale Infrastruktur" im Zielgebiet, die für neue Migranten Kosten und Risiken der Wanderung immer mehr reduziert, z. B. Hilfen bei der Wohnungs- und Arbeitsbeschaffung gibt. Dadurch wird die Selektivität der Migranten immer geringer, und die Wanderungen können sich als sich selbst erhaltender Prozess immer mehr von den Motiven, die die Migration eingeleitet haben, trennen. Die Kettenmigrationen gehen, wenn sie nicht administrativ behindert werden, so lange weiter, bis das Migrationspotential in den Herkunftsgebieten ausgeschöpft ist.

Für Deutschland sind solche Prozesse am eingehendsten für die türkischen Migranten untersucht worden (z. B. WILPERT 1987, 1992; ÖZEL & NAUCK 1987). Auf der Basis von Befragungen in Berlin hat WILPERT (1992) gezeigt, dass zu Anfang der 70er Jahre viele türkische Gastarbeiter aus ländlichen und wenig entwickelten Regionen in Ostanatolien und dem Schwarzmeergebiet kamen, die später zahlreiche Verwandte und Heiratspartner nachgeholt haben. Dies steht im engen Zusammenhang mit umfangreichen und dicht geknüpften Familiennetzen, die in diesen Teilen der Türkei besonders ausgeprägt sind. So lässt sich aus Kartenmaterial, das TODD (1998, S. 229) ausgewertet hat, erkennen, dass dort größere Verbundfamilien vorherrschen, während im Westen und Süden des Landes kleine Kernfamilien die Regel sind. Verstärkt wird die Bedeutung von Netzwerken noch bei Minoritäten, die in schlechter ökonomischer Position leben oder diskriminiert werden. Dies betrifft z. B. Kurden, die in vielen deutschen Städten stark repräsentiert sind. Angemerkt sei, dass das niedrige Ausbildungsniveau vieler Gruppen und die sich länger hinziehenden Kettenwanderungen die Eingliederungschancen in die deutsche Gesellschaft erschweren.

Eine ganz andere Migrantengruppe, für die soziale Netzwerke eine große Rolle spielen, sind die Aussiedler. Systematisch ist die Bedeutung der Netzwerke von BAUER & ZIMMERMANN (1997) überprüft worden, die u. a. nachweisen, dass diese in städtischen Kontexten und für Aussiedler aus Rumänien besonders ausgeprägt sind. Insgesamt sollten soziale Netzwerke einen großen Einfluss auf die räumliche Verteilung der Migranten ausüben. Wenn Kettenwanderungen in einer Migrantengruppe dominieren, müsste dies zu einer Beibehaltung oder Verstärkung räumlicher Schwerpunkte im Einwanderungsland führen, auch unabhängig davon, ob die entsprechenden Regionen vom Arbeitsmarkt und anderen Faktoren günstige oder ungünstige Voraussetzungen haben.

3. Räumliche Verteilung der Migranten: Konzentration und Dekonzentration

Zur Frage der räumlichen Verteilung der Zuwanderer im Bundesgebiet gibt es zahlreiche Untersuchungen über die Gastarbeiter. Wie GIESE (1978) gezeigt hat, lässt sich der räumliche Prozess der Zuwanderung während der Wachstumsphase der Gastarbeitermigration als doppelter Diffusionsprozess kennzeichnen, der zum einen über die Städtehierarchie, zum anderen als Nachbarschaftsausbreitung ablief. Dabei setzte die Entwicklung im Südwesten des Bundesgebietes ein, erreichte dann die Großstädte des Rhein-Neckar- und Rhein-Main-Gebietes sowie Südbayerns und am spätesten die Städte Norddeutschlands. Auch wenn die hierarchische Diffusion zu einer Ausbreitung von den Kernstädten in das Umland und kleinere Städte führte, bleiben doch überdurchschnittliche Konzentrationen der Gastarbeiter in vielen Großstädten erhalten. Das betrifft keineswegs nur Industriestädte, sondern auch solche Dienstleistungs- und Verwaltungszentren, die nach den Analysen von SCHÜTTE & SINZ (1985) eine für typische Gastarbeiterbeschäftigungen eher ungünstige Branchenstruktur haben.

In der Phase des Familiennachzugs wird das räumliche Muster, das sich bis zum Anwerbestopp herausgebildet hat, durch die Außenzuzüge im Wesentlichen gefestigt (HEINS 1985). In den Jahren 1982–1984, als die Rückkehr von Gastarbeitern durch Prämien gefördert wurde und Außenwanderungsverluste zu verzeichnen waren, ist der Rückgang der ausländischen Bevölkerung in den Kernstädten unterproportional gewesen (JONES 1990). Im Einklang mit dem allgemein in den 80er Jahren vorherrschenden Süd-Nord-Gefälle des Wirtschaftswachstums in den alten Ländern war der Rückgang im Norden stärker ausgeprägt. Daraus darf man jedoch nicht auf einen engen Zusammenhang zwischen der Arbeitsmarktentwicklung und der Entwicklung der ausländischen Beschäftigten schließen. Nach JONES (1990) waren derartige regionale Zusammenhänge kaum vorhanden. Stattdessen macht der Autor auf die Bedeutung von sozialen Netzwerken und die Herausbildung von ethnischen Kolonien aufmerksam, die sich auch in Großstädten mit hoher Arbeitslosigkeit herausgebildet haben.

Was nun die „neuen" Migrationen ab den späten 80er Jahren und deren räumliche Muster betrifft, so lassen sich hier ganz unterschiedliche Trends vermuten, die man in konzentrations- und dekonzentrationsfördernde Prozesse unterteilen kann. Zu ersteren zählt der jüngere Beschäftigungswandel in den Großstädten und global cities, der nach SASSEN (1996) u. a. mit einem Wachstum von schlecht bezahlten Jobs für wenig qualifizierte Personen verbunden ist. Für solche Jobs werden weniger die verschiedenen Generationen der Gastarbeiterfamilien als „neue" Migranten infrage kommen. Für diese These spricht, dass die Wanderungsbilanz der ausländischen Bevölkerung zwischen 1988 und 1994, wenn man sie für die Städte nach

Größenklassen untersucht, in den Millionenstädten mit Abstand am höchsten ausfiel (GANS 1997). Auch die Kettenwanderung und der Familiennachzug der Ausländer sollten eher konzentrationsfördernd sein, denn die positive Funktion von Netzwerken hinsichtlich einer Erleichterung der Migration kann sich in großen Migrantenkolonien mit zahlreichen ethnischen Dienstleistungen besonders auswirken. Soziale Netzwerke waren auch von großer Bedeutung für die Flüchtlingsströme aus dem ehemaligen Jugoslawien. Viele Flüchtlinge sind in Städte und Regionen gekommen, in denen Verwandte oder Bekannte, die bereits in der Vergangenheit als Gastarbeiter nach Deutschland zugewandert waren, wohnen und ihnen vielfältige Hilfestellungen geben konnten.

Für die Gesamtzahl der Asylbewerber und Flüchtlinge müssen nun allerdings die Verteilungsmechanismen Beachtung finden, die zu einer gleichmäßigen Aufteilung auf die Regionen des Bundesgebietes und damit zu einer Dekonzentration führen sollten. Dies soll erreicht werden durch Quoten, die im Großen und Ganzen proportional zur Bevölkerung sind, um eine gleichmäßige Belastung der Wohnungsmärkte und der öffentlichen Haushalte zu erreichen. Entsprechend dem föderativen Aufbau der Bundesrepublik werden die Migranten zunächst einzelnen Bundesländern zugewiesen, die daraufhin eine regionale Aufteilung nach der Quotierung vornehmen. Dieses Verfahren gilt gleicherweise für die Aussiedler. Nun haben die Migranten durchaus die Möglichkeit, Wünsche für bestimmte Zielgebiete zu äußern, etwa für solche Orte, in denen schon Verwandte leben, und diese Wünsche werden in der Regel im Rahmen der vorgegebenen Quoten bzw. der Unterbringungsmöglichkeiten erfüllt. Auch wenn es de facto erhebliche Abweichungen von der Gleichförmigkeit gibt (Beispiele bei KEMPER 1998), führt dieses Verfahren zu einer relativ regelmäßigen Aufteilung auf verschiedene Raumkategorien, auf Verdichtungsräume wie ländliche Regionen. In Anbetracht des traditionellen Übergewichts der Migranten in den Großstädten würde dies eine Dekonzentration bedeuten.

Schließlich sei noch ein Prozess erwähnt, der von MASSEY (1984) als neue räumliche Teilung der Arbeit bezeichnet worden ist. Damit sind in erster Linie räumliche Differenzierungen in industriellen Unternehmen gemeint. Während Hauptverwaltungen, Abteilungen für Forschung und Entwicklung u. a. in Großstädten und Verdichtungsräumen konzentriert sind, wurde in vielen Industrieländern die gewerbliche Produktion aufgrund geringer Löhne und anderer Kostenfaktoren in ländliche und wenig verdichtete Räume verlagert. So ist seit einigen Jahrzehnten in Westdeutschland der Anteil der im sekundären Sektor Beschäftigten in ländlichen Regionen höher als in den Agglomerationen. Falls auch ausländische Arbeitskräfte, die immer noch überproportional in der Industrie beschäftigt sind, vermehrt Arbeitsplätze außerhalb der Verdichtungsräume übernommen haben, müsste dies zur Dekonzentration beitragen.

4. Räumliche Verteilung der Außenwanderungen in den alten Ländern von 1980 bis 1995

Die Daten, die den folgenden empirischen Untersuchungen zugrunde liegen und die das Bundesamt für Bauwesen und Raumordnung (BBR) zur Verfügung stellte, erfassen jahresweise die Zuzüge und Fortzüge von Deutschen und Ausländern aus dem bzw. in das Ausland auf der Basis der Prognoseräume. Dies sind Aggregate von Kreisen innerhalb der Raumordnungsregionen, die homogen sind hinsichtlich der siedlungsstrukturellen Typisierung, die das BBR vorgenommen hat. Für die alten Länder, die zunächst im Vordergrund stehen, sind dies 160 Basiseinheiten. Die Zeitreihen von Wanderungsraten, d. h. von Wanderungsfällen bezogen auf die Einwohner der Basisräume, sollen im Weiteren analysiert werden. Es wurde davon ausgegangen, dass es Perioden gibt, in denen sich die räumlichen Wanderungsmuster kaum ändern, die Ähnlichkeiten von je zwei Jahren aus dieser Periode also sehr hoch sind. Andererseits sind Umbruchphasen zu erwarten, in denen sich Muster schnell ändern und somit die Ähnlichkeit aufeinander folgender Jahre rapide abnimmt. Ob danach wieder ein relativ konstantes Muster, das den älteren räumlichen Strukturen ähnelt, erreicht wird oder sich ein konstantes Muster mit ganz anderen Raumausprägungen ergibt, müsste man wieder an der Ähnlichkeitsmatrix ablesen können. Eine solche Ähnlichkeitsmatrix wurde auf der Basis von Produkt-Moment-Korrelationen der Wanderungsraten berechnet. Alternative Berechnungen mit Rangkorrelationen zeigten im Übrigen mehr oder weniger dieselben Muster auf. Sodann wurde die Korrelationsmatrix einer Faktorenanalyse unterzogen. Dadurch sollte überprüft

Fig. 3 Faktorenladungen der rotierten Faktorenstruktur für Außenzuzüge von Deutschen, alte Bundesländer
Factor loadings of the rotated factor structure for immigration of Germans, old federal states

Merkmal	Ladung		
	Faktor 1	Faktor 2	Faktor 3
ZD1980	0,93374	0,04152	0,00771
ZD1981	0,91353	0,09980	0,03771
ZD1982	0,95977	0,09972	0,02034
ZD1983	0,96372	0,12540	0,00541
ZD1984	0,94269	0,15505	0,02399
ZD1985	0,96560	0,08096	0,03688
ZD1986	0,95999	0,07613	0,06934
ZD1987	0,91949	0,04699	0,18504
ZD1988	0,70310	0,11027	0,45612
ZD1989	0,15364	0,16923	0,85171
ZD1990	−0,04134	0,18030	0,83831
ZD1991	0,41063	0,59985	0,40839
ZD1992	0,18668	0,78544	0,43852
ZD1993	−0,12939	0,77632	0,39892
ZD1994	0,03270	0,93245	0,12091
ZD1995	0,20301	0,85504	−0,18319

Außenwanderungen in Deutschland – Wandel der regionalen Muster

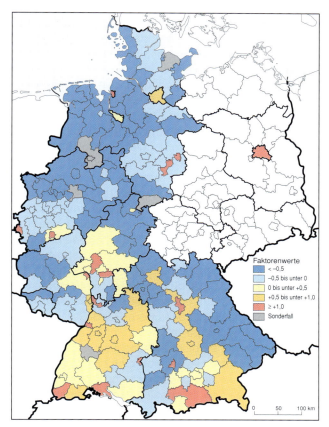

Fig. 4 Zuzugsraten der Deutschen – Faktor 1 (1980–1987), alte Bundesländer
Immigration rates of Germans – factor 1 (1980–1987), old federals states

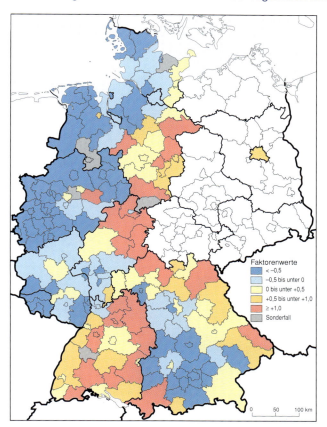

Fig. 5 Zuzugsraten der Deutschen – Faktor 3 (1989–1990), alte Bundesländer
Immigration rates of Germans – factor 3 (1989–1990), old federal states

werden, wie viel unterschiedliche Dimensionen den Jahren zuzuordnen sind, d. h. wie viel Perioden mit verschiedenen räumlichen Migrationsmustern voneinander zu trennen sind.

Bevor aber diese Rechenschritte durchgeführt werden konnten, musste ein Problem behandelt werden, das mit den geschilderten Verteilungsmechanismen von Aussiedlern und Asylbewerbern zusammenhängt. Von diesen wird ein erheblicher Teil wenigen Aufnahmelagern zugeleitet und dann auf andere Regionen verteilt. Die Räume mit den Aufnahmelagern haben daher extrem hohe Außenzuzüge, gefolgt von extrem hohen Binnenfortzügen, die hier nicht untersucht werden. So wurden im Jahre 1995 60 % des Jahreszuzugs an Deutschen in nur 5 Prognoseräumen aufgenommen, aus denen die Räume Göttingen (Lager Friedland) und Osnabrück-Land (Lager Bramsche) herausragten. Dies führt zu ganz extremen Zuzugsraten, die als Ausreißer Korrelationen stark beeinflussen können. In anderen Jahren waren die Konzentrationen in den Lagern weniger stark, in der ersten Hälfte der 80er Jahre kaum vorhanden, doch werden im Folgenden dieselben Ausreißerregionen jeweils aus den Berechnungen einer Korrelationsmatrix herausgenommen.

Als Erstes wird die Zeitreihe der Zuzugsraten der Deutschen analysiert, die zu einem erheblichen Teil Aussiedler oder Übersiedler enthalten. Die Faktorenanalyse führt zu dem Ergebnis, dass drei verschiedene Phasen voneinander unterschieden werden können. Die Ladungen der rotierten Varimax-Lösung, die insgesamt 84,4 % der Varianz auf sich vereinigt, zeigen ein recht klares Bild (Fig. 3). Faktor 1 beschreibt die Migration zwischen 1980 und 1987, nur noch mit 50 % an Varianz ist das Jahr 1988 daran beteiligt. Faktor 2 fasst die Jahre 1992–1995 zusammen, wobei 1991 ein Übergangsjahr zu diesem neuen Muster ist, und Faktor 3 konzentriert sich auf die Umbruchszeit der Jahre 1989/1990. Es zeigt sich also, dass wie zu erwarten die Phase der starken Zuwanderung einen Sonderfall auch der räumlichen Verteilung darstellt, dass aber danach nicht wieder das alte Muster erreicht wird, sondern ein davon unabhängiges neues Muster, das zu beschreiben ist.

Einen tieferen Einblick in die drei verschiedenen Raummuster geben Karten (Fig. 4–6). In den 80er Jahren ist nach Werten des Faktors 1 (Fig. 4) zum einen ein Gefälle von den Kernstädten mit hohen Werten (Ausnahme ist z. B. das Ruhrgebiet) zum ländlichen Raum, zum anderen ein Süd-Nord-Gefälle zu erkennen. Die Bevorzugung süddeutscher Regionen ist teilweise auch mit den damals noch beachtlichen Anteilen von Aussiedlern aus Rumänien begründet, die Süddeutschland als ihre „alte Heimat" bevorzugten (vgl. KOCH 1991).

In den Jahren 1989/1990 hat sich das Raummuster deutlich gewandelt, wie die Karte des Faktors 3 (Fig. 5)

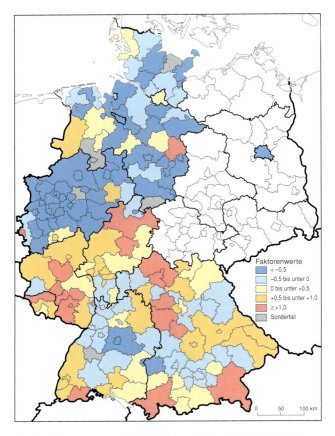

Fig. 6 Zuzugsraten der Deutschen – Faktor 2 (1992–1995), alte Bundesländer
Immigration rates of Germans – factor 2 (1992–1995), old federal states

Voralpenlandgebieten, die schon in den 80er Jahren überdurchschnittliche Zuwanderungen aufzuweisen hatten, sind es nun vor allem ländliche Räume in Franken, Nordhessen, Rheinland-Pfalz und dem westlichen Niedersachsen, die viele Zuzüge haben. Man kann zeigen – auch wenn an dieser Stelle darauf nicht näher eingegangen werden kann –, dass aufgrund der „Umverteilungen" in den „Sondergebieten" dazu noch das östliche Westfalen und große Teile Schleswig-Holsteins kommen. Somit ist das Süd-Nord-Gefälle der 80er Jahre erheblich aufgelöst worden und anstelle der Großstädte sind es nun vor allem ländliche Räume, die Außenwanderungen Deutscher aufgenommen haben.

Um die siedlungsstrukturellen Unterschiede der drei Zuzugsmuster noch zu verdeutlichen, wurden für 9 Kreistypen, die das BBR nach siedlungsstruktureller Homogenität abgegrenzt hat, Jahresdurchschnitte der Zuzugsraten für die Hauptphasen der drei Faktoren berechnet (Fig. 7). In der ersten Hälfte der 80er Jahre dominiert noch ein recht klares Kern-Rand-Gefälle innerhalb der drei Typen der hoch verdichteten Regionen, der Regionen mit Verdichtungsansätzen und der ländlichen Räume, mit einer Bevorzugung der Kernstädte in Regionen mit Verdichtungsansätzen. Die wesentliche Ausnahme bei den intraregionalen Gradienten, der hohe Wert des verdichteten Umlands in hoch verdichteten Regionen, ist auf den Sonderfall Unna mit einem großen Aufnahmelager zurückzuführen. Ohne den entsprechenden Prognoseraum läge der Wert für das verdichtete Umland unter dem der Kernstädte!

In der Umbruchszeit 1989/1990 treten die hoch verdichteten Regionen deutlich zugunsten der Regionen mit Verdichtungsansätzen und der ländlichen Räume zurück. Die höchsten Ausprägungen bei den beiden Umlandtypen in den Regionen mit Verdichtungsansätzen sind wieder auf Aufnahmelager zurückzuführen, denn Göttingen und der Landkreis Osnabrück gehören zum Typ 6, Plön und Freudenstadt zum Typ 7. Noch stärker fallen diese beiden siedlungsstrukturellen Typen im Zuzugsmuster der Jahre 1994/1995 ins Auge, denn gerade in diesen beiden Jahren haben die Ausreißergebiete einen überaus hohen Anteil der Zuwanderungen von Deutschen auf sich verbucht. Ansonsten wird innerhalb der Verdichtungsräume das Umland stärker von den Zuzügen betroffen als die Kernstädte; zwischen den Regionen hat der ländliche Raum höhere Zuzugsraten als die hoch verdichteten Regionen. Dies verdeutlicht noch einmal den beträchtlichen Wandel, der sich bei der regionalen Verteilung der Aussiedler seit den 80er Jahren vollzogen hat. Auch in speziellen Untersuchungen über Aussiedler wurde die zunehmende Hinwendung zum

zeigt. Im Zusammenhang mit der Übersiedlung aus der DDR nach Westdeutschland hat vor allem das ehemalige Zonengrenzgebiet viele Zuzüge gewonnen. Auch Baden-Württemberg mit seiner ökonomischen Prosperität hat viele Übersiedler und Aussiedler angezogen.

In Figur 6 ist schließlich das regionale Muster der Zuzüge ab 1992 (Faktor 2) dargestellt. Neben einigen

Fig. 7 Jahresdurchschnittswerte für Zuwanderungsraten von Deutschen aus dem Ausland für 3 Perioden nach siedlungsstrukturellen Kategorien, alte Bundesländer
Annual averages of immigration rates of Germans from abroad for 3 periods, by settlement-structural categories, old federal states

Siedlungsstruktureller Kreistyp Nr.	Mittlere Zuwanderungsrate		
	1980–1985	1989/1990	1994/1995
1 hochverdichtet, Kernstadt	1,90	7,79	1,48
2 hochverdichtet, sehr dichtes Umland	2,82	11,63	3,39
3 hochverdichtet, dichtes Umland	1,33	7,82	1,67
4 hochverdichtet, ländliches Umland	0,98	9,83	1,69
5 Verdichtungsansätze, Kernstadt	2,67	12,34	1,92
6 Verdichtungsansätze, dichtes Umland	1,40	21,29	8,21
7 Verdichtungsansätze, ländl. Umland	1,12	15,92	9,98
8 ländlich, geringe Dichte	1,60	11,07	2,61
9 ländlich, sehr geringe Dichte	0,81	11,81	2,53
Insgesamt	1,83	12,51	4,09

weniger verdichteten und ländlichen Raum konstatiert und dieser Prozess insofern problematisiert, als die Arbeitsplatzchancen der Aussiedler in ländlichen Regionen oft unzureichend sind (vgl. WENZEL 1999).

Bei den Deutschen entsprechen die räumlichen Muster der Saldenraten im Wesentlichen denen der Zuzugsraten. Dies ist für die Wanderungen der Ausländer deutlich anders. Im Gegensatz zu den Deutschen, die während der gesamten Untersuchungsperiode Wanderungsgewinne aufweisen, treten bei den Ausländern neben Phasen mehr oder weniger hoher Gewinne auch Jahre mit Wanderungsverlusten. Daher soll hier ein besonderes Gewicht auf die Saldenraten gelegt werden, die mit derselben Vorgehensweise wie die Zuzugsraten der Deutschen analysiert wurden. Dabei ist die „Ausreißerproblematik" bei weitem nicht so schwer wiegend im Vergleich zu den deutschen Zuwanderern, dennoch werden drei Prognoseräume mit Aufnahmelagern für Asylbewerber aus den Berechnungen der Korrelationskoeffizienten entfernt (Räume Osnabrück Stadt, Göttingen und Steinburg/Schleswig-Holstein). Insgesamt waren vier Faktoren notwendig, um die zeitliche Variation der Raummuster, die die Saldenraten der Ausländer im Zeitraum 1980–1995 beschreiben, zu erfassen.

Die Faktoren 1 und 2 beziehen sich auf die 80er Jahre. Dabei fasst Faktor 1 die Jahre 1980 und 1981 sowie 1986–1988 zusammen, während Faktor 2 die Periode 1982–1984 beschreibt. Dieses „Auseinanderreißen" hängt offenbar mit den Konjunkturzyklen und ihren Effekten auf die Außenwanderungen zusammen. In der Periode 1982–1984 waren die Außenwanderungssalden gering, teilweise negativ, aufgrund der Folgen der Wirtschaftsrezession von 1981/1982 und staatlicher Förderung von Rückwanderungen (Rückkehrprämie). Dagegen waren zu Beginn der 80er Jahre und nach 1984 höhere Salden mit relativ guter Konjunktur und Bedarf an Arbeitskräften verbunden. Dieser enge Zusammenhang zwischen Konjunktur und Außenwanderung änderte sich Ende der 80er Jahre, als politische Gründe (Umbrüche in Osteuropa, Flucht und Asyl) wichtiger für die Wanderungen als ökonomische Ursachen wurden. Darauf reagiert das Muster der Salden in Faktor 3, der die Hochphase der Zuwanderung von Ausländern in den Jahren 1990–1992 umfasst. Faktor 4 schließlich weist die Jahre 1994–1995 als davon zu unterscheidende Phase aus. Die zwischen den Hauptphasen der Faktoren liegenden Jahre sind Übergangszeiten, deren Varianz in der Regel auf die vorangehende und nachfolgende Periode aufgeteilt ist.

Wichtige raumstrukturelle Unterschiede der 4 Faktoren lassen sich durch die Gliederung nach siedlungsstrukturellen Kategorien aufdecken. In Figur 8 sind die Durchschnitte der Faktorenwerte angegeben. Dabei ist daran zu erinnern, dass Faktorenwerte standardisiert sind, also den Mittelwert 0 und die Standardabweichung 1 haben. Zusätzlich zu den Mittelwerten ist der aus der Varianzanalyse bekannte Wert Eta-Quadrat angegeben. Dieses Maß kann als Anteil an Varianz gedeutet werden, den die Klassifizierung auf sich vereinigt.

Kreistyp	Mittelwert			
	Faktor 1	Faktor 2	Faktor 3	Faktor 4
1	1,503	–0,375	0,266	0,119
2	–0,038	–0,448	–0,298	0,191
3	–0,374	0,252	–0,121	–0,035
4	0,417	0,410	–0,253	–0,088
5	0,762	–0,371	0,385	0,335
6	–0,346	–0,259	–0,044	–0,244
7	–0,689	0,313	0,064	–0,115
8	0,360	0,538	–0,289	0,129
9	–0,517	0,694	–0,458	–0,309
Eta-Quadrat	0,537	0,161	0,055	0,041

Fig. 8 Mittelwerte der 4 Faktoren für Außenwanderungssalden der Ausländer nach siedlungsstrukturellen Kategorien, alte Bundesländer
Averages of the 4 factors for net international migration rates of foreigners by settlement-structural categories, old federal states

Ein Wert von 0,80 würde daher bedeuten, dass 80 % der Gesamtvarianz innerhalb der Klassen und nur 20 % zwischen ihnen reproduziert werden, was auf eine sehr hohe statistische Erklärungskraft der Klassifizierung hindeuten würde.

Nach den Zahlen der Figur 8 ist Faktor 1 durch ein starkes Kern-Rand-Gefälle gekennzeichnet, das durch hohe Gewinne der Kernstädte vor allem in den hoch verdichteten Regionen akzentuiert wird. Der Eta-Quadrat-Wert von 0,537 zeigt, dass den siedlungsstrukturellen Kategorien eine sehr deutliche Trennfunktion für die Salden zukommt. Die Rezessionsphase von Faktor 2 weist klare Gegenbewegungen auf. Damals hatten durch Fortzüge ins Ausland besonders die Kernstädte und das hoch verdichtete Umland ausgeprägt negative Wanderungssalden zu verzeichnen. Die Trennkraft der Siedlungsstruktur ist allerdings um einiges zurückgegangen. Dies ist noch mehr der Fall für die Faktoren 3 und 4 aus den 90er Jahren. Ansonsten wiederholt sich in Faktor 3 wieder ein Kern-Rand-Gefälle wie beim Faktor 2, diesmal jedoch mit einem stärkeren Gewicht der Regionen mit Verdichtungsansätzen. Beim Faktor 4 haben sowohl die Kernstädte leicht überdurchschnittliche Gewinne, vor allem in den Regionen mit Verdichtungsansätzen, als auch die dichter besiedelten Teile des ländlichen Raumes, wobei die Erklärungskraft der Siedlungskategorien bemerkenswert gering ist. Anscheinend sind sowohl konzentrations- wie dekonzentrationsfördernde Prozesse der räumlichen Verteilung im Gange, die in den 90er Jahren diffuse und widersprüchliche Raummuster der Außenwanderungen von Ausländern erzeugen.

5. Räumliche Verteilung der Außenwanderungen im Deutschland der 90er Jahre

Für die Jahre 1991–1995 konnten die Wanderungsraten für die Prognoseräume ganz Deutschlands berechnet werden. Die Zeitreihe für ganz Deutschland ist noch recht kurz, so dass eine Identifizierung von Konstanz oder zeitlicher Variabilität zunächst lediglich in Ansätzen möglich ist.

Als Nächstes werden die Außenwanderungen Deutscher analysiert, bei denen die Zuzüge die Fortzüge stark übersteigen. Bei den Zuzügen bzw. den Wanderungssalden wurden wieder Sonderfälle identifiziert, die aufgrund von Aufnahmelagern für Aussiedler sehr hohe Raten aufweisen. Dies sind die westdeutschen Gebiete Plön, Osnabrück Stadt, Osnabrück Land, Göttingen, Unna, Freudenstadt sowie die Region Prignitz mit dem Kreis Wittstock in den neuen Bundesländern.

In den neuen Bundesländern waren die Zuzüge von Aussiedlern zu Beginn der 90er Jahre noch recht gering, weil sie schrittweise in das bundesweite System der proportionalen Verteilung auf Länderbasis eingegliedert wurden. So kann man davon ausgehen, dass erst in den Jahren 1994–1995 eine gewisse Konsolidierung der Außenwanderungen von Deutschen stattgefunden hat. Dafür spricht eine Faktorenanalyse der Wanderungssalden, die den 5-Jahres-Zeitraum 1991 bis 1995 in zwei Faktoren aufteilt, die die Jahre 1991 bis 1992 und 1994–1995 beschreiben, wobei 1993 als Übergangsjahr beiden Zeitphasen mit einer mittleren Ladung zugeordnet wird. Das Raummuster der Salden von 1994 bis 1995, bezogen auf 1000 der Bevölkerung (Fig. 9), zeigt überraschend ausgeprägte Konzentrationen in Nord- und Ostbayern, Nordhessen und vor allem in Thüringen, Sachsen und Sachsen-Anhalt. Ausgespart sind in den neuen Ländern die Kernstädte Dresden, Chemnitz, Erfurt, Halle und Magdeburg, in den alten Ländern der Verdichtungsraum Nürnberg. Geringe Salden, z.T. sogar negative Werte, ergeben sich im Südwesten des Bundesgebietes, in den Verdichtungsgebieten der Rheinschiene und in der Region München, in Ostdeutschland in der Region Berlin. Aufgrund der Umverteilung von Aussiedlern auf die Aufnahmelager muß man weiterhin damit rechnen, dass sich Konzentrationen im westlichen Niedersachsen dadurch verstärken und weitere überdurchschnittliche Werte in Ostwestfalen und in Schleswig-Holstein dazukommen. Das Süd-Nord-Gefälle in den neuen Ländern dürfte sich dadurch aber kaum verändern.

Die Außenwanderungen der Ausländer sind sehr viel weniger durch „Ausreißer-Gebiete" gekennzeichnet als die der Deutschen. Für die 90er Jahre ergab sich, dass Sonderfälle mit Ausreißern in den Migrationsraten nur in den alten Ländern vorkamen, und dies in moderater Ausprägung. Neben dem Kreis Steinburg wurden herausragende Maxima auch in den Prognoseräumen Rastatt-Karlsruhe Land und Fürth Land ermittelt. Wie bei den Deutschen ergab die faktorenanalytische Untersuchung der Raummuster von Wanderungssalden eine Zweiteilung in die Jahre 1991 bis 1992 und 1994–1995. Diese Unterscheidung ist nicht auf räumliche Variationen der Zuzüge zurückzuführen,

Fig. 9 Saldenraten der Deutschen (1994–1995)
Net migration rates of Germans (1994–1995)

Fig. 10 Saldenraten der Ausländer (1994–1995)
Net migration rates of foreigners (1994–1995)

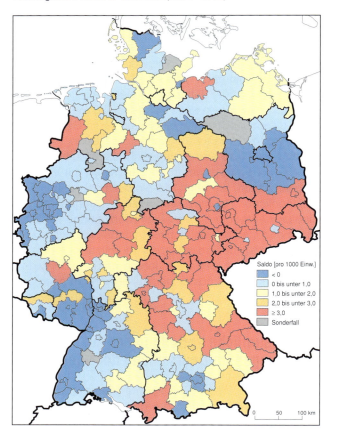
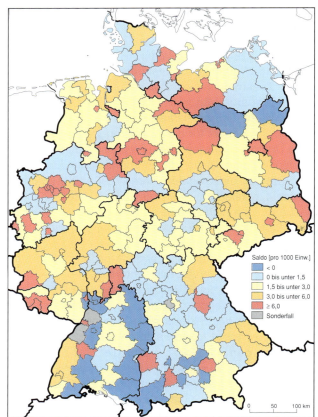

die sich in den 90er Jahren nur wenig verändert haben, sondern auf gewandelte Variationen der Fortzüge. In den neuen Ländern sind, abgesehen von einigen Prognoseräumen in der Region Berlin, an der polnischen Grenze, in einigen Kernstädten wie Dresden, Leipzig, Potsdam und Rostock, die Zuzüge von Ausländern in den 90er Jahren noch deutlich geringer als in Westdeutschland. Da im Osten die Fortzüge aber deutlich niedriger als die Zuzüge ausfallen, stehen die neuen Länder hinsichtlich der Salden nicht mehr hinter den alten zurück (Fig. 10). Wanderungsverluste gibt es Mitte der 90er Jahre vor allem in Süddeutschland, vermutlich als Folge der starken Zuwanderung in den vorhergehenden Jahren. Hinsichtlich der Siedlungsstruktur sind sowohl große Kernstädte durch hohe Salden geprägt (Hamburg, Bremen, Hannover, Berlin, Dresden, Rhein-Ruhr, Saarland, aber nicht Frankfurt und süddeutsche Städte) als auch wenig verdichtete Räume (z. B. Ostwestfalen, Altmark, Rheinland-Pfalz, Odenwald). In der Loslösung von den traditionellen verdichteten Zuzugsregionen zeigen sich daher auch bei den Ausländern gewisse Dekonzentrationen der Außenwanderung, die nicht zuletzt durch Zu- wie Fortzüge von Flüchtlingen und Asylbewerbern verursacht werden und nicht ohne weiteres in die Zukunft verlängert werden können.

Herkunftsland	Standardisierter Regressionskoeffizient			Bestimmtheitsmaß r^2
	Bestand	BIP pro Kopf	Arbeitslosenquote	
Türkei	0,920**	0,152	0,270*	0,895
Italien	0,732	0,009	−0,102	0,651
Griechenland	0,912**	0,003	−0,006	0,842
Spanien	0,232	0,671**	0,004	0,742
Portugal	−0,116	0,209	0,325	0,071
Jugoslawien (Rep.)	0,942**	−	0,100	0,768
Kroatien	0,629*	0,037	−0,143	0,671
Polen	0,687**	−	−0,375*	0,651
Ungarn	0,763**	−0,144	−0,434**	0,905
Rumänien	0,345	−0,120	−0,784*	0,454
Russland	0,509	−	0,008	0,259
Österreich	1,085**	−0,253*	−	0,932
Frankreich	0,584**	0,648**	0,208	0,855
Großbritannien	0,815**	0,217	0,144	0,916
USA	0,920**	−	−0,101	0,933
Iran	0,859**	−	−0,091	0,785
Indien	0,024	−	0,107	0,011

** Signifikanz für $\alpha = 0,01$
* Signifikanz für $\alpha = 0,05$

Fig. 11 Ergebnisse multipler Regressionen für die Standortquotienten der Zuwanderer 1996 nach Herkunftsland
Results of multiple regressions for the residential location quotients of immigrants by country of origin, 1996

6. Ausländer nach Herkunftsland und Ausblick

Bei den in den vorigen Abschnitten geschilderten Untersuchungen konnte nur nach Deutschen und Ausländern differenziert werden. Es ist aber davon auszugehen, dass im Laufe der Jahre die große Gruppe der ausländischen Migranten immer inhomogener geworden ist, enthält sie doch Arbeitsmigranten wie Asylbewerber, hochqualifizierte Zuwanderer wie Armutsmigranten, Saisonarbeiter wie Familiennachzügler, Personen aus vielen Teilen Europas und aus anderen Kontinenten. Eine Unterteilung der Ausländer nach der Staatsangehörigkeit oder dem Herkunftsland kann benutzt werden, um approximativ Migrationstypen zu bilden. An dieser Stelle soll damit überprüft werden, in welchem Ausmaß ethnische Netzwerke und Kettenwanderungen die Zielgebiete ausländischer Migranten in Deutschland bestimmen. Wenn solche Netzwerke bedeutsam sind, müssten diejenigen Räume, die einen überdurchschnittlichen Anteil einer ethnischen Minorität aufweisen, auch überproportional viele Zuwanderer aus ihren Gruppen anziehen.

Diese Hypothese wurde sehr großräumig auf der Basis der Bundesländer überprüft. Angaben über die Bevölkerung standen nach Staatsangehörigkeit zur Verfügung, während die Zuwanderer ausländischer Nationalität nach Herkunftsländern gegliedert waren. Nun müssen ausländische Migranten aus einem bestimmten Herkuftsland nicht notwendig die Nationalität dieses Landes haben, doch ist zu erwarten, dass dies in der großen Mehrzahl der Fall ist. Um die regionale Verteilung der Zuwanderer statistisch zu erklären, wurden neben dem Bestand an Ausländern das Bruttoinlandsprodukt pro Kopf der Bevölkerung und die Arbeitslosenquote als Prädiktoren der ökonomischen Lage eines Bundeslandes, die für viele Migranten von Bedeutung sein sollte, ausgewählt. Die wirtschaftlichen Indikatoren weisen nur eine mittlere Korrelation auf, doch ist in einigen Fällen die Multikollinearität der drei unabhängigen Variablen so hoch, dass ein Indikator aus der Regression herausgenommen werden musste. Die Zuzüge beziehen sich auf das Jahr 1996, während die übrigen Variablen für das Vorjahr gemessen wurden. Zur Standardisierung der Variablen wurden jeweils Standortquotienten gebildet.

Die Ergebnisse der multiplen Regression sind in Figur 11 zusammengestellt. Am Beispiel des Herkunftslandes Türkei erkennt man, dass sich die regionale Verteilung der Zuziehenden im Jahre 1996 mit einem hohen Bestimmtheitsmaß von 90 % durch die drei Prädiktoren statistisch erklären lässt. Dabei ist mit Abstand am wichtigsten der Bestand an türkischer Bevölkerung im Vorjahr, während das Bruttoinlandsprodukt keine Bedeutung hat und die Arbeitslosigkeit einen leicht signifikanten, kontraintuitiven positiven Effekt aufzuweisen hat. Türkische Migranten ziehen also in diejenigen Bundesländer, in denen schon viele ihrer Landsleute leben, auch wenn es sich dabei um Länder mit überdurchschnittlich hoher Arbeitslosigkeit handelt (vor allem Berlin und die anderen Stadtstaaten).

Für die meisten übrigen Herkunftsländer bestätigt sich die Vermutung eines positiven Effekts, den der Bestand einer Nationalität ausübt, in eindrucksvoller Weise. Die dahinter stehenden kausalen Mechanismen müssen nicht immer ethnische Netzwerke betreffen, bei einem Nachbarland wie Österreich spielen die geographische Nähe und die daraus abgeleitete Überrepräsentation in Süddeutschland die entscheidende Rolle. Ansonsten ist der Effekt des Bestandes bei den ehemaligen Entsendeländern, bei Transformationsstaaten, westlichen Industrieländern und Ländern der Dritten Welt durchgehend zu erkennen.

Abweichungen finden sich für Portugal, Spanien, Rumänien, Russland und Indien. Dies ist in der Regel darauf zurückzuführen, dass sich die „neuen" Migranten in ihrer Zusammensetzung und vermutlich in ihrer Herkunft deutlich von den in Deutschland lebenden Landsleuten unterscheiden. So handelt es sich bei den 1996 eingereisten Portugiesen großenteils um Männer, die als Bauarbeiter vor allem in den neuen Ländern angeworben wurden, aber nicht unbedingt aufgrund von sozialen Netzwerken nach Deutschland gekommen sind. Bei den Indern sind fast die Hälfte der Migranten Asylbewerber, die vor allem in Brandenburg und im Saarland Aufnahme gefunden haben. Hier sind bürokratische Verteilungsmechanismen offenbar entscheidend, im Gegensatz zu den Iranern, die ebenfalls einen hohen Anteil von Asylbewerbern aufweisen, aber gerade in diejenigen Bundesländer gezogen sind – vor allem Stadtstaaten und stark verdichtete Länder –, in denen viele ihrer Landsleute leben. Bei den Rumänen ist umgekehrt 1996 nur noch eine geringe Minorität von Asylbewerbern zugewandert, während im Bestand von 1995 immer noch viele Asylsuchende vorhanden waren, vor allem in den nördlichen Ländern Ostdeutschlands. Die neuen Migranten aus Rumänien haben sich dagegen besonders auf die süddeutschen Bundesländer konzentriert. Schließlich deuten die Ergebnisse der Regression darauf hin, dass sich in der Zusammensetzung der spanischen Migranten ein Wandel vollzieht: von den ehemaligen Gastarbeitern zu Migranten, die sich in ökonomisch prosperierenden Räumen konzentrieren, wie man am signifikant positiven Effekt des Pro-Kopf-Einkommens erkennt, und von denen möglicherweise ein hoher Anteil zu den qualifizierten Zuwanderern zählt.

Insgesamt hat sich somit als „Normalfall" herauskristallisiert, dass ausländische Migranten bevorzugt in solche Bundesländer wandern, in denen viele Landsleute leben. In den übrigen Fällen scheint es zu einem Wechsel des Migrationsregimes zu kommen.

Was bedeuten nun diese Ergebnisse für die zukünftigen Außenwanderungen nach Deutschland? Kettenwanderungen, ethnische und soziale Netzwerke werden auch in den nächsten Jahren zu einem Zustrom aus solchen Ländern führen, in denen aus ökonomischen oder politischen Gründen ein Migrationspotential besteht und die Migrantenkolonien in Deutschland ausgebildet haben. Im Fall von politischen Krisen, ethnischen Vertreibungen und ökonomischen Einbrüchen in einzelnen Herkunftsgebieten wird sich der Zuwanderungsdruck erhöhen. Auf der anderen Seite besteht in Deutschland wie in den übrigen europäischen Staaten der politische Wille, die Zuwanderung zu kontrollieren und ihre Größenordnung einzuschränken. Will man längerfristig eine starke Abnahme der Bevölkerung verhindern, so ist aus demographischen Gründen eine kontinuierliche Einwanderung notwendig, wenn man von der zeitlichen Konstanz der heute vorliegenden Fertilität und Mortalität in Deutschland ausgeht. Allerdings zeigen alle Prognosen mit einigermaßen „realistischen" Wanderungsannahmen, dass sich dadurch die Alterung der in Deutschland lebenden Bevölkerung zwar mindern, aber nicht aufhalten lässt. Dazu trägt bei, dass auch die Fertilität der im Inland lebenden Ausländer und Migranten deutlich unter der Bestandserhaltung liegt und dass bei ihnen längerfristig ein immer höherer Anteil älterer Menschen zu erwarten ist.

Als Beispiel seien – stellvertretend für zahlreiche andere Prognosen – Projektionen der Gesamtbevölkerung in Deutschland ab 1996 bis zum Jahr 2030 genannt, die MÜNZ, SEIFERT & ULRICH (1997) veröffentlichten. Sie versuchten, relativ differenziert für einzelne Migrantengruppen die internationalen Wanderungen von Ausländern und Deutschen zu schätzen, und entwickelten drei Wanderungsszenarien. Im niedrigen Szenario wird ein jährlicher Außenwanderungsgewinn bis zum Jahr 2015 von 100 000 Migranten, im mittleren von 260 000 und im hohen von 490 000 Migranten angenommen. Zwischen 2015 und 2030 wird aufgrund des starken Rückgangs der Aussiedler eine entsprechende Reduzierung erwartet. Die für 1998 zu beobachtende rückläufige Zahl der Aussiedler, die nur noch gut 100 000 ausmachten, und der Asylbewerber lassen zur Zeit eine Wanderungsannahme am wahrscheinlichsten erscheinen, die zwischen dem niedrigen und mittleren Szenario liegt. In diesen Fällen wird die Bevölkerung in Deutschland bis 2030 trotz Zuwanderung um 14 % bzw. 8 % abnehmen. Selbst beim hohen Szenario würde der Bestand nur gehalten. Nach allen Szenarien wird es aber in den nächsten 20 bis 30 Jahren zu einem deutlichen Anstieg der ausländischen Bevölkerung bzw. der Migrantenbevölkerung kommen, wenn die Einbürgerung erleichtert wird. Nach den Projektionen wird der Anteil der Ausländer von 8,8 % im Jahre 1995 auf 12,5 % im niedrigen, 16,9 % im mittleren und 29,5 % im hohen Szenario steigen, zuzüglich einiger Prozentanteile der als Aussiedler Zugewanderten.

Wie werden sich diese Szenarien auf die regionale Verteilung der Migranten im Bundesgebiet, die ja hier im Vordergrund des Interesses steht, niederschlagen? Die Analysen haben gezeigt, dass in den 90er Jahren bei Aussiedlern, mit einigen Abstrichen auch bei den ausländischen Migranten gewisse Dekonzentrationen in der regionalen Verteilung auftraten. Dennoch wird man bei den Ausländern, nicht zuletzt aufgrund ethnischer Netzwerke und Kettenwanderungen, weiterhin mit Konzentrationen auf bestehende regionale Schwerpunkte rechnen müssen. Unter der Annahme, dass sich die siedlungsstrukturelle Aufteilung der Zuwanderer nicht ändern wird, sind Münz, Seifert & Ulrich (1997) für ihr mittleres Szenario zu dem Ergebnis gekommen, dass der Ausländeranteil in Großstädten stark ansteigen wird. Nach ihren Berechnungen wird 2030 der Ausländeranteil in Frankfurt, der 1995 über 29 % betrug, auf fast 60 % zunehmen, in Stuttgart auf beinahe 50 %, in Köln auf gut 35 % und in Berlin auf ein knappes Viertel der Bevölkerung. Dazu kommen noch eingebürgerte Personen und Aussiedler. Auch wenn die Anteile durch intra- und interregionale Dekonzentration der Zuwanderer vermutlich etwas weniger hoch ausfallen werden, verdeutlichen sie die Integrationsleistungen, die gerade in Großstädten notwendig sein werden. Daneben wird es aber auch in einzelnen Gebieten des ländlichen Raumes Konzentrationen von Zuwanderern, besonders von Aussiedlern, geben. Einige Gemeinden in dünn besiedelten Teilen der neuen Bundesländer, die aufgrund von Abwanderungen und Geburtendefiziten einen beträchtlichen Bevölkerungsrückgang zu erwarten haben, versuchen bereits heute durch Ansiedlung von Zuwanderern diesen Rückgang aufzuhalten, doch werden zu einer längerfristigen „tragfähigen" Entwicklung auch die entsprechenden Angebote von Arbeitsplätzen notwendig sein.

Literatur

Bähr, J. (1997): Bevölkerungsgeographie. Stuttgart.

Bathelt, H. (1994): Die Bedeutung der Regulationstheorie in der wirtschaftsgeographischen Forschung. Geographische Zeitschrift, **82** (2): 63–90.

Bauer, T. & K. F. Zimmermann (1997): Network migration of ethnic Germans. International Migration Review, **31** (1): 143–149.

Boyd, M. (1989): Family and personal networks in international migration: recent developments and new agendas. International Migration Review, **23** (3): 638–670.

Fielding, A. J. (1993): Mass migration and economic restructuring. In: King, R. [Ed.]: Mass migrations in Europe. The legacy and the future. London, 7–18.

Gans, P. (1997): Ausländische Bevölkerung in Großstädten Deutschlands. Regionale Trends und Wirtschaftsstruktur. Geographische Rundschau, **49** (7/8): 399–405.

Giese, E. (1978): Räumliche Diffusion ausländischer Arbeitnehmer in der Bundesrepublik Deutschland 1960–1976. Die Erde, **109** (1): 92–110.

Grünheid, E., & U. Mammey (1997): Bericht 1997 über die demographische Lage in Deutschland. Zeitschrift für Bevölkerungswissenschaft, **22** (4): 377–480.

Gurak, D. F., & F. Caces (1992): Migration networks and the shaping of migration systems. In: Kritz, M. M. [Ed.]: International migration systems. Oxford, 150–176.

Heins, F. (1985): Zur Entwicklung der Außenwanderungen von Ausländern in der Bundesrepublik Deutschland. Informationen zur Raumentwicklung, (6): 465–483.

Jones, P. N. (1990): West Germany's declining guestworker population: spatial change and economic trends in the 1980s. Regional Studies, **24** (3): 223–233.

Jones, P. N. (1994): Economic restructuring and the role of foreign workers in the 1980s: the case of Germany. Environment and Planning, A 26: 1435–1453.

Kemper, F.-J. (1996): Ökonomische Restrukturierung, politische Umbrüche in Europa und internationale Migration in Deutschland. In: Heinritz, G., et al. [Hrsg.]: 50. Deutscher Geographentag Potsdam 1995, Band 2. Stuttgart, 21–32.

Kemper, F.-J. (1998): Regionale Verteilung und regionale Integration von Aussiedlern in Deutschland anhand ausgewählter Beispiele. In: van de Ven, J., & J. van der Weiden [Hrsg.]: Berlin und Amsterdam: Struktur, Bild, Großstadtprobleme. Amsterdam Study Centre for the Metropolitan Environment, 116–128.

Koch, F. (1991): Deutsche Aussiedler aus Rumänien. Analyse ihres räumlichen Verhaltens. Köln und Wien. = Studia Transsylvanica, **20**.

Lutz, B. (1989): Der kurze Traum immerwährender Prosperität. Frankfurt a. M.

Massey, D. (1984): Spatial divisions of labour. London.

Massey, D., et al. (1993): Theories of international migration: a review and appraisal. Population and Development Review, **19** (3): 431–466.

Münz, R., Seifert, W., & R. Ulrich (1997): Zuwanderung nach Deutschland. Strukturen, Wirkungen, Perspektiven. Frankfurt a. M.

Özel, S., & B. Nauck (1987): Kettenmigration in türkischen Familien. Migration, (2): 61–94.

Sassen, S. (1996): New employment regimes in cities: the impact on immigrant workers. New Community, **22** (4): 579–594.

Schütte, G., & M. Sinz (1985): Ausländerbeschäftigung und regionale Wirtschaftsstruktur. Informationen zur Raumentwicklung, (6): 527–543.

Todd, E. (1998): Das Schicksal der Immigranten. Deutschland, USA, Frankreich, Großbritannien. Hamburg.

Wenzel, H.-J. (1999): Aussiedlerzuwanderung als Strukturproblem in ländlichen Räumen. In: Bade, K. J., & J. Oltmer [Hrsg.]: Aussiedler: deutsche Einwanderer aus Osteuropa. Osnabrück, 265–281. = IMIS-Schriften, **8**.

Wilpert, C. (1987): Zukunftsorientierungen von Migrantenfamilien: Türkische Familien in Berlin. In: Reimann, H., & H. Reimann [Hrsg.]: Gastarbeiter. Analyse und Perspektiven eines sozialen Problems. Opladen, 198–221.

Wilpert, C. (1992): The use of social networks in Turkish migration to Germany. In: Kritz, M. M. [Ed.]: International migration systems. Oxford, 177–189.

Manuskriptannahme: 6. Juni 1999

Prof. Dr. Franz-Josef Kemper, Humboldt-Universität zu Berlin, Geographisches Institut (Sitz: Chausseestraße 86), Unter den Linden 6, 10099 Berlin

Weltbevölkerung – Verteilung und Entwicklung

Im Unterschied zur oft verwendeten statistischen Darstellung der Bevölkerungsdichte – die Bevölkerungszahl bezogen auf die *gesamte Staatsfläche* [Einw./km^2] (Fig. 1) – erlaubt dieselbe Kennziffer, bezogen auf *Teilräume*, eine differenziertere räumliche Betrachtung, so dass auch in einer globalen Übersicht (Fig. 2) zwischen dichter und geringer bevölkerten Landesteilen unterschieden werden kann.

Land	Bevölkerung 1998 [Mio.]	Fläche [1 000 km^2]	Bevölkerungsdichte [Einw./km^2]
China	1233,3	9597,0	129
Indien	975,8	3287,6	297
Vereinigte Staaten	273,8	9363,5	29
Indonesien	206,5	1904,6	108
Brasilien	165,2	8547,4	19
Pakistan	147,8	796,1	186
Russische Föderation	147,2	17075,4	9
Japan	125,9	377,8	333
Bangladesch	124,0	144,0	861
Nigeria	121,8	923,8	132
Mexiko	95,8	1958,2	49
Deutschland	82,1	357,0	230
Vietnam	77,9	3331,7	235
Iran, Islamische Republik	73,1	1633,2	45
Philippinen	72,2	300,0	241
Ägypten	65,7	1001,4	66
Türkei	63,8	774,8	82
Äthiopien	62,1	1104,3	56
Thailand	59,6	513,1	116
Großbritannien und Nordirland	59,0	341,8	244
Frankreich	58,7	544,0	108
Italien	57,2	301,3	190
Ukraine	51,2	603,7	85
Kongo, Demokratische Republik	49,2	3244,9	21
Myanmar	47,6	676,6	70

Fig. 1 Bevölkerungsdichte der bevölkerungsreichsten Länder der Erde 1998 (Statistisches Jahrbuch 1999 für das Ausland, S. 190 ff.)

Fig. 2 Bevölkerungsdichte (ALEXANDER Gesamtausgabe 2000, S. 152)

Statistik

Sowohl die Tabelle (Fig. 1) als auch die Karte (Fig. 2) zeigen, dass die am dichtesten bevölkerten Regionen der Erde in Europa und Asien liegen. Eine detailliertere Interpretation der Bevölkerungsverteilung unter Berücksichtigung physischer, klimatischer bzw. wirtschaftlicher Faktoren und die Lokalisierung potentieller Problemräume, die sich infolge des weiteren Bevölkerungswachstums ergeben (vgl. STRUCK in diesem Heft, S. 11), lässt jedoch nur die kartographische Darstellung zu.

Betrachtet man die nach der Figur 1 vier bevölkerungsreichsten Staaten der Erde, so ist lediglich festzustellen, dass ihre Bevölkerungsdichten – mit Ausnahme von Indien – relativ gering sind. Erst unter Einbeziehung der Dichtekarte (Fig. 2) werden beispielsweise folgende Differenzierungen sichtbar:

- In China konzentriert sich die Bevölkerung im östlichen Landesteil, in dem sich die physischen, klimatischen und wirtschaftlichen Bedingungen wesentlich günstiger gestalten als im Westen. Die aus dem zukünftigen Wachstum der chinesischen Bevölkerung resultierenden Probleme werden demzufolge vorrangig im Osten des Landes in Erscheinung treten.

Bevölkerungsdichte
- über 100 Einwohner/km²
- 50 bis 100 Einwohner/km²
- 10 bis 50 Einwohner/km²
- unter 10 Einwohner/km²
- unbewohnte arktische und antarktische Gebiete

© 2000 Justus Perthes Verlag Gotha GmbH

Statistik

Land	Jährliche Wachstumsrate [%]		
	1995–2000	2020–2025	2045–2050
Äthiopien	3,20	2,65	1,35
Benin	2,80	2,33	1,28
Botsuana	2,20	1,46	0,79
Côte d'Ivoire	2,01	1,34	0,81
Eritrea	3,66	1,82	1,03
Gabun	2,77	1,90	1,13
Kamerun	2,74	2,26	1,26
Kongo	2,80	2,42	1,28
Kongo, Demokr. Rep.	2,59	2,58	1,35
Libyen	3,33	2,37	1,29
Mali	3,03	2,38	1,24
Niger	3,32	2,58	1,32
Nigeria	2,84	2,11	1,17
Somalia	3,89	2,52	1,30
Uganda	2,63	2,45	1,27

Fig. 3 Jährliche Wachstumsraten ausgewählter Staaten Afrikas (Statistisches Jahrbuch 1999 für das Ausland, S. 209 f.)

Land	Bevölkerung im Jahr					
	2000 [Mio.]	Rang	2025 [Mio.]	Rang	2050 [Mio.]	Rang
China	1276	1.	1480	1.	1516	2.
Indien	1006	2.	1330	2.	1532	1.
Vereinigte Staaten	277	3.	332	3.	347	4.
Indonesien	212	4.	275	4.	318	6.
Brasilien	169	5.	216	7.	243	7.
Pakistan	156	6.	268	5.	357	3.
Russische Föderation	146	7.	131	10.	114	16.
Nigeria	129	8.	238	6.	339	5.
Bangladesch	128	9.	180	8.	218	8.
Japan	126	10.	121	13.	109	17.
Mexiko	99	11.	130	11.	154	12.
Deutschland	83	12.	81	19.	70	23.
Vietnam	81	13.	110	14.	130	14.
Iran, Islamische Rep.	76	14.	128	12.	170	10.
Philippinen	75	15.	105	16.	131	13.
Ägypten	68	16.	96	17.	115	15.
Äthiopien	66	17.	136	9.	213	9.
Türkei	65	18.	86	18.	98	18.
Thailand	60	19.	69	21.	73	22.
Frankreich	59	20.	60	24.		>25.
Großbritannien	58	21.	59	25.		>25.
Italien	57	22.		>25.		>25.
Kongo, Demokr. Rep.	52	23.	106	15.	165	11.
Ukraine	51	24.		>25.		>25.
Myanmar	49	25.	68	22.	81	21.

Fig. 4 Entwicklung der bevölkerungsreichsten Staaten bis 2050 (Statistisches Jahrbuch 1999 für das Ausland, S. 208)

- Indien ist insgesamt relativ dicht besiedelt. Höchste Bevölkerungskonzentrationen von bis zu 1 600 Einw./km² sind in den landwirtschaftlich intensiv genutzten Gebieten – z.B. im Gangestiefland – anzutreffen. Hier wird in den nächsten Jahrzehnten ein gewaltiger, in seinen Folgen kaum abzuschätzender Bevölkerungsdruck entstehen (vgl. GANS & VIJENDRA in diesem Heft, S. 74).

- In den Vereinigten Staaten fallen die Städtebänder im Osten sowie an der Westküste (Kalifornien) als dicht bevölkerte Räume ins Auge, während die gesamte Mitte der USA weniger bevölkert ist. Infolge des geringen Bevölkerungswachstums dürften in den amerikanischen Konzentrationsräumen demographisch bedingte Entwicklungsprobleme kaum zu erwarten sein.

- In Indonesien ist es vor allem die Insel Java, die die höchste Bevölkerungsdichte mit Werten um 800 Einw./km² zeigt. In diesem landwirtschaftlich intensiv genutzten Raum des Inselstaates ist zukünftig mit den Auswirkungen des zunehmenden Bevölkerungsdrucks zu rechnen.

Die Karte der natürlichen Bevölkerungsentwicklung (Fig. 5) zeigt au-

Statistik

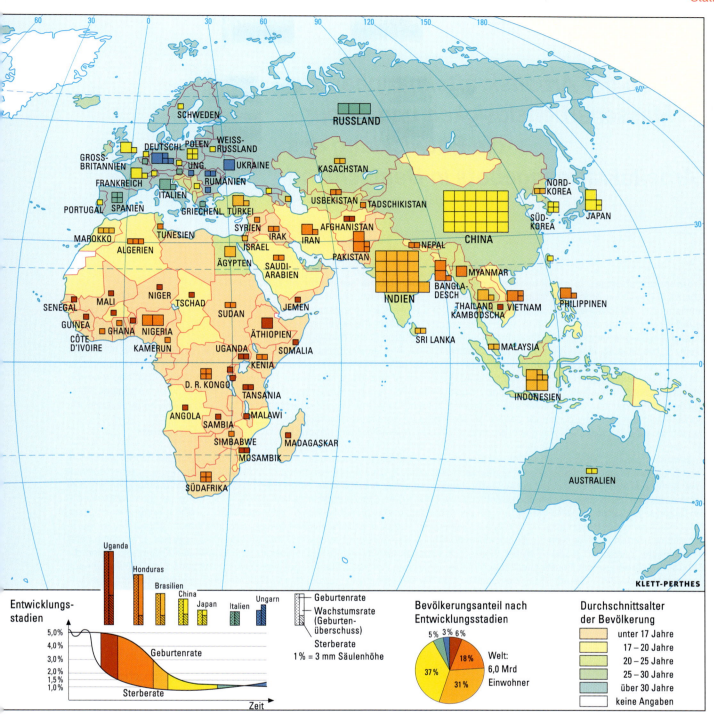

Fig. 5   Natürliche Bevölkerungsentwicklung (ALEXANDER Gesamtausgabe 2000, S. 196)

genfällig die Zweiteilung der Welt (vgl. STRUCK in diesem Heft, S. 11): Den hochentwickelten Ländern mit schwachem bis rückläufigem Bevölkerungswachstum und hohem Durchschnittsalter im Norden stehen die weniger entwickelten und unterentwickelten Länder mit mäßigem bis starkem Bevölkerungswachstum und niedrigem Durchschnittsalter im Süden gegenüber (vgl. MAMMEY in diesem Heft, S. 24).

Besonders fällt Afrika auf, das von allen Kontinenten das höchste Bevölkerungswachstum aufweist, welches auch in den nächsten Jahrzehnten anhalten und zunehmen wird (Fig. 3; vgl. STRUCK in diesem Heft, S. 8). Die bevölkerungsreichsten Länder der Erde zeigen – bis auf wenige Ausnahmen in Afrika – ein geringes bis rückläufiges Wachstum der Bevölkerung (Fig. 4). Es wird deutlich, wie sich die Rangfolge der bevölkerungsreichsten Staaten der Erde zugunsten Afrikas und Asiens verschieben wird.

STEPHAN FRISCH, Justus Perthes Verlag Gotha

© 2000 Justus Perthes Verlag Gotha GmbH

Heinz Fassmann
Wolfgang Seifert

Von der Arbeitskräfteknappheit zur Massenarbeitslosigkeit und retour – die Entwicklung des Arbeitskräfteangebots in Deutschland

15 Figuren im Text

From labour shortage to mass unemployment and back – labour supply development in Germany
Abstract: The focus of this contribution is on long-term development of the labour supply. Five phases can be distinguished in retrospect: 1. the post-war period, 2. the restriction of supply in the sixties leading to the expansion of national labour markets and the recruitment of foreign manpower, 3. the supply surplus in the seventies with the beginning of mass unemployment following the oil-price shock of 1973, 4. the revival of immigration in the mid-eighties with the expansion of unemployment, and finally 5. the nineties characterized by reunification, a decline of employment and a further increase of unemployment. The development in the nineties is shown by means of a spatially differentiated analysis on the levels of federal states and districts. In the long term the German economy will pass from a phase of surplus of manpower to a phase of shortage. The labour supply will drastically decrease as soon as the baby-boom generation reaches retirement age. Then the problems of manpower reproduction, of keeping up qualification standards of employees and the innovation potential of companies will become more important than the currently dominant debate on strategies for fighting unemployment.
Keywords: labour supply, Germany, development, phases, unemployment, labour shortage, surplus of manpower

Zusammenfassung: Die langfristige Entwicklung des Arbeitskräfteangebots steht im Mittelpunkt des Beitrages. Dabei werden im Rückblick fünf Phasen unterschieden: 1. die Nachkriegszeit, 2. die Angebotsrestriktion in den 60er Jahren, die zu einer Ausweitung nationaler Arbeitsmärkte und zur Anwerbung ausländischer Arbeitskräfte geführt hat, 3. der Angebotsüberhang in den 70er Jahren mit dem Einsetzen der Massenarbeitslosigkeit nach dem Erdölpreisschock von 1973, 4. die Mitte der 80er Jahre wieder einsetzende Zuwanderung und die Expansion der Arbeitslosigkeit und schließlich 5. die 90er Jahre, die durch Wiedervereinigung, einen Rückgang der Beschäftigung und einen weiteren Anstieg der Arbeitslosigkeit gekennzeichnet waren. Anhand einer räumlich differenzierten Analyse wird die Entwicklung der 90er Jahre auf der Ebene der Länder und Kreise dargestellt. Langfristig gerät die deutsche Wirtschaft jedoch von der Phase des Arbeitskräfteüberschusses wieder in eine Phase der Knappheit. Wenn die Babyboomjahrgänge das Rentenalter erreicht haben, wird das Arbeitskräfteangebot drastisch zurückgehen und die Frage nach Reproduktion der Arbeitskraft, Erhalt der Qualifikation der Beschäftigten und der Innovationsfähigkeit der Betriebe wichtiger sein als die gegenwärtig dominierenden Strategien zur Bekämpfung der Arbeitslosigkeit.
Schlüsselwörter: Arbeitskräfteangebot, Deutschland, Entwicklung, Phasen, Arbeitsiosigkeit, Arbeitskräfteknappheit, Arbeitskräfteüberschuss

1. Vorbemerkung

Unter den Begriff des Arbeitskräfteangebots fallen all jene Personen, die erwerbstätig sind oder erwerbstätig sein wollen. Das Arbeitskräfteangebot umfasst daher alle abhängig Beschäftigten, alle Selbständigen sowie alle Arbeitslosen, sofern sie noch aktiv einen Arbeitsplatz suchen (vgl. Fassmann & Meusburger 1997). Wie groß das Arbeitskräfteangebot in einer Region oder einem Staat ist, hängt von vielen Einflussfaktoren ab, insbesondere von der Altersstruktur auf der einen Seite und der wirtschaftlichen Entwicklung auf der anderen Seite. Das Arbeitskräfteangebot und die Arbeitskräftenachfrage sind keine unabhängigen Größen, sondern beeinflussen einander gegenseitig. Und damit ist eine ganz allgemeine Frage, nämlich die nach dem Zusammenhang zwischen der Bevölkerungsentwicklung und der wirtschaftlichen Entwicklung angesprochen, die seit der Etablierung der wissenschaftlichen Demographie immer Gegenstand des fachinternen Diskurses war.[1]

Diese grundsätzliche Frage nach dem Zusammenhang von Bevölkerung und wirtschaftlicher Entwicklung steht implizit hinter der folgenden Analyse, die sich auf die Angebotsentwicklung auf dem deutschen Arbeitsmarkt konzentriert. Unser Beitrag stellt zunächst – *ex post* betrachtet – den zeitlichen Verlauf des Arbeitskräfteangebots, der Beschäftigung und der Arbeitslosigkeit dar. Im Weiteren wird die zukünftige Ent-

---

[1] Bereits Thomas Malthus hat in seinem 1798 veröffentlichten „Essay on the Principles of Population" festgestellt, dass zwischen Bevölkerung und Wirtschaft eine positive Korrelation existiert, wenn auch aus seiner Sicht die Bevölkerungsentwicklung tendenziell der wirtschaftlichen Entwicklung davoneilt, was zu zyklisch wiederkehrenden Katastrophen vielfältiger Natur führt (neuere Arbeiten zu dieser Problematik finden sich bei Lindh & Malmberg 1999).

Bevölkerungsentwicklung

wicklung des Arbeitskräfteangebots *ex ante* analysiert. Die Zusammenfassung verweist auf die grundsätzlichen Veränderungen der Struktur und der Entwicklung des zukünftigen Arbeitskräfteangebots.

2. Angebotsentwicklung im Rückblick

Im Rückblick wird deutlich, dass Bevölkerungswachstum und wirtschaftliche Entwicklung zwar nicht immer synchron, aber dennoch aneinander gekoppelt abliefen. In einigen Phasen entwickelte sich die Nachfrage nach Arbeitskräften rascher als das Angebot, in anderen Zeitabschnitten war das Verhältnis umgekehrt. Wesentlich war bei dieser Koppelung von Angebot und Nachfrage immer auch die Entwicklung der Produktivität und der Arbeitszeit, wobei Produktivitätsfortschritte die Nachfrage tendenziell verringerten und sinkende Arbeitszeiten diese wiederum erhöhten. Diesen gegenläufigen Entwicklungen ist es in erster Linie zuzuschreiben, dass sich das Bruttoinlandsprodukt in Westdeutschland seit 1960 nahezu verdreifachte,[2] während sich die Zahl der Erwerbstätigen nur um rund 8 % erhöhte. Denn gleichzeitig stieg die Arbeitsproduktivität je Arbeitskraft und Stunde um das 3,6fache, wobei der Rückgang der Arbeitszeit (von jährlich 2152 Arbeitsstunden je Arbeitskraft im Jahre 1960 auf 1560 im Jahre 1996) einen Teil davon kompensieren konnte.

Die Angebotsentwicklung in der deutschen Nachkriegsgeschichte ist bis Anfang der 90er Jahre in vier Perioden zu gliedern. Die Nachkriegsentwicklung, die Vollbeschäftigungsära der 60er Jahre, der Beginn der Massenarbeitslosigkeit Mitte der 70er Jahre und die Phase der Angebotsexpansion ab Mitte der 80er Jahre kennzeichneten jeweils sehr unterschiedliche Konstellationen auf dem deutschen Arbeitsmarkt (Fig. 1). Mit der Wiedervereinigung der beiden deutschen Staaten begann schließlich die fünfte Phase.

Jahr	Personen [1 000] Bevölkerung[1]	Erwerbstätige[2]	Ausländische Arbeitnehmer[3]	Arbeitslose[4]
Alte Bundesländer				
1950	50 336	19 997		1 580
1960	55 785	26 247	329	271
1965	59 297	26 887	1 217	147
1970	61 001	26 668	1 807	149
1975	61 645	26 110	2 071	1 074
1980	61 658	27 059	2 018	889
1985	61 020	26 593	1 568	2 304
1990	63 726	28 486	1 775	1 883
1995	66 342	28 464	2 129	2 565
1997	67 974	27 884	2 020	3 021
Neue Bundesländer				
1990	16 028	7 613	k. A.	433
1995	15 476	6 396	k. A.	1 047
1997	14 083	6 078	41	1 364

[1] Bis 1995 jeweils zum 31.12. (Statistisches Bundesamt 1997); 1997: alte Bundesländer mit Berlin, neue Bundesländer ohne Berlin (Webseiten des Statistischen Bundesamtes).
[2] Inländer; 1950 ohne Saarland; bis 1990: Hradil (1999, S. 186); 1950 mit Saarland ohne Berlin: 20 376 (geschätzter Jahresdurchschnitt nach Statistisches Jahrbuch 1966); neue Bundesländer: 1990: Statistisches Jahrbuch, 1992: Berufstätigenerhebung vom 30.11.1990 (Unternehmensmeldungen), 1995 und 1997: Jahresdurchschnitte (Bach et al. 1999).
[3] Statistisches Bundesamt.
[4] 1950 ohne Saarland; bis 1990: Hradil (1999, S. 186); 1950 mit Saarland ohne Berlin: 1 584 (geschätzter Jahresdurchschnitt nach Statistisches Jahrbuch 1966); neue Bundesländer: 2. Halbjahr 1990: Statistisches Bundesamt 1997, 1995 und 1997: Jahresdurchschnitte (Bach et al. 1999).

Fig. 1 Entwicklung der Bevölkerung, der Erwerbstätigen, der ausländischen Arbeitskräfte und der Arbeitslosigkeit in Deutschland 1950–1997
Development of total population, of persons employed, of foreign labour and unemployment in Germany, 1950–1997

2.1. Die Nachkriegsentwicklung

1950 lebten in Deutschland (Ost und West) 69 Mio. Menschen, 34 Mio. wurden damals als erwerbstätig gezählt (in Westdeutschland waren es 50 Mio. Einwohner und fast 20 Mio. Erwerbstätige; vgl. Fig. 1). Mit dem Beginn des deutschen Wirtschaftswunders verstärkte sich in Westdeutschland die Nachfrage nach Arbeitskräften rascher, als das Angebot expandierte. Während zwischen 1950 und 1960 die Bevölkerung um +10,8 % zunahm,[3] erhöhte sich die Zahl der Erwerbstätigen um +31 %. Die hohe Arbeitslosigkeit, die Anfang der 50er Jahre noch zu verzeichnen war (1950: 1,6 Mio. Personen), ging bis Anfang der 60er Jahre auf ein Sechstel zurück (1960: 271 000 Personen).

Das Erreichen der Vollbeschäftigung Anfang der 60er Jahre hatte vor allem zwei Gründe: Auf der einen Seite sorgte eine boomende Nachkriegsökonomie für eine Arbeitskräftenachfrage, die deutlich über der Zunahme der Bevölkerung insgesamt und der erwerbsfähigen Bevölkerung im Alter zwischen 15 und 60 Jahren lag.[4] Auf der anderen Seite führte ein geändertes Erwerbsverhalten zu einer geringeren Angebotserhöhung. Mit der prosperierenden wirtschaftlichen Entwicklung und der verbesserten Einkommenssituation war es wieder möglich, die Erwerbsarbeit aufzugeben und sich der Familie und dem privaten Haushalt zu widmen. Besonders mit dem Einsetzen des Babybooms

---

[2] Von rund 1 000 Mrd. DM im Jahre 1960 auf 2 779 Mrd. DM 1996 (jeweils zu Preisen von 1991).
[3] Hauptverantwortlich für das hohe Bevölkerungswachstum von fast 11 % in zehn Jahren war die Zuwanderung von 7,9 Mio. Heimatvertriebenen und Aussiedlern aus den ehemals von Deutschen bewohnten Regionen Ost- und Ostmitteleuropas in den unmittelbaren und späteren Nachkriegsjahren sowie von 3,8 Mio. Übersiedlern aus der ehemaligen DDR bis zum Mauerbau 1961.
[4] Der demographische Effekt aufgrund einer veränderten Altersstruktur blieb in den gesamten 50er Jahren gering (Fig. 2). 1950 betrug der Anteil der Erwerbsfähigen an der Gesamtbevölkerung 55,4 %, 1960 55,1 % und blieb somit nahezu unverändert.

Jahr	Bevölkerungsanteil[1] [%] im Alter		
	0 bis unter 20 Jahre	20 bis unter 60 Jahre	60 Jahre und älter
1950	30,8	55,4	13,8
1960	28,8	55,1	16,1
1970	31,1	49,6	19,4
1980	26,4	54,2	19,4
1990	21,7	57,9	20,4
1995	21,5	57,4	21,0
1997	21,5	56,6	21,8

[1] Seit 1990 einschließlich neue Bundesländer.

Fig. 2 Veränderung der Altersstruktur in Deutschland 1950 bis 1997 (HERDEN & MÜNZ 1998; Statistische Jahrbücher für die Bundesrepublik Deutschland; 1990, 1995 und 1997: Statistisches Bundesamt)
Changes of age structure in Germany, 1950–1997

zogen sich immer mehr Frauen aus der Erwerbsarbeit zurück und verringerten damit das Arbeitskräfteangebot (Fig. 2).

2.2. Angebotsrestriktion und Anwerbung in den 60er Jahren

Mit Beginn der 60er Jahre veränderten sich die Rahmenbedingungen für den deutschen Arbeitsmarkt entscheidend. Mit dem Mauerbau und einer Verschärfung des Kalten Krieges ging die Zahl der Aus- und Übersiedler schlagartig zurück. Dazu kam ein weiterer Rückzug der Frauen aus dem Erwerbsleben. Die hohen Geburtenzahlen in der ersten Hälfte der 60er Jahre hatten ein Mehr an Kinderbetreuung und Hausarbeit zur Folge, welches besonders von Frauen wahrgenommen wurde. Auf der anderen Seite signalisierte ein starkes Wirtschaftswachstum eine weiterhin hohe Nachfrage nach Arbeitskräften.

Die Reaktion auf die gestiegene Nachfrage nach Arbeitskräften auf der einen und die im Vergleich dazu stagnierende Angebotsentwicklung auf der anderen Seite hieß Ausweitung des nationalen Arbeitsmarktes. Anwerbeverträge sorgten dafür, dass sich das Rekrutierungsgebiet des Arbeitskräfteangebots weit über die nationalen Grenzen hinaus ausdehnen durfte.

Die massive Anwerbung ausländischer Arbeitskräfte begann Anfang der 60er Jahre. Bei einer Arbeitslosenquote von 0,7 %[5] setzte ein regelrechter Run auf die Akquirierung von Arbeitskräften aus dem Ausland ein. Eine dauerhafte Niederlassung war jedoch nicht vorgesehen (HERBERT 1986). Es galt der Grundsatz, dass ausländische Arbeitskräfte nur zur Überbrückung der Hochkonjunktur dienen sollten. Ihr Einsatz war als Konjunkturpuffer gedacht und sollte damit eine höhere Beschäftigungsstabilität auch für die deutsche Bevölkerung garantieren (SEIFERT 1995).[6] Außerdem sollte mit der Zufuhr ausländischer Arbeitskräfte die Abwanderung personalintensiver Produktionsteile ins Ausland verhindert werden.

Zwischen 1960 und 1970 stieg die Zahl der ausländischen Arbeitnehmer in Deutschland von 329 000 auf über 1,8 Mio. Die deutsche Wirtschaft benötigte diese Arbeitskräfte aber auch dringend, denn das im Inland verfügbare Arbeitskräfteangebot konnte mit der Nachfrage nicht Schritt halten. Die Arbeitslosigkeit betrug 1970 nur mehr rund 150 000, und das Bevölkerungswachstum von +9,2 % zwischen 1960 und 1970 war eine Folge der hohen Geburtenzahlen, die ihrerseits wieder zu einem geänderten Erwerbsverhalten der Kinder betreuenden Personen führten. Anfang der 70er Jahre herrschte auf dem Arbeitsmarkt eine Angebotsrestriktion vor.

2.3. Der Angebotsüberhang in den 70er Jahren

Die Ära der Vollbeschäftigung und des potentiellen Angebotsdefizits endete 1973. Der erste Erdölpreisschock und die danach einsetzende Rezession änderten vieles. Aufgrund der ungünstigen Konjunkturentwicklung ging die Nachfrage nach neuen Arbeitskräften massiv und sehr rasch zurück. Das Bruttoinlandsprodukt stieg deutlich langsamer, das Arbeitsvolumen schrumpfte, die Zahl der Beschäftigten nahm ab.

Viel weniger rasch als das „Kapital" reagierte jedoch das Arbeitskräfteangebot auf die neuen wirtschaftlichen Rahmenbedingungen. 1974, am Ende der Anwerbephase ausländischer Arbeitskräfte, lebten in Westdeutschland mehr als 4 Mio. Ausländer und mehr als 2,5 Mio. ausländische Arbeitskräfte, teilweise mit Familien, partiell integriert und nicht mehr bereit, als hochmobiler Konjunkturpuffer zu fungieren. Dazu kam nun die Rückkehr von Frauen auf den Arbeitsmarkt. Der Geburtenrückgang war Ende der 60er Jahre abgeschlossen, und viele Frauen konnten ab Mitte der 70er Jahre wieder in den Arbeitsmarkt einsteigen. Sobald die Kinder der Babyboomgeneration selbst in das erwerbsfähige Alter kamen, erhöhten auch sie ganz entscheidend das Potential der Erwerbsfähigen und in weiterer Folge das Arbeitskräfteangebot.[7] Auch diese Entwicklung setzte mit Beginn der 70er Jahre ein.

Die Folge des Nachfragerückganges nach Arbeitskräften auf der einen Seite und eines hohen Niveaus an erwerbsbereiten Menschen auf der anderen Seite war eine rasche Zunahme der Arbeitslosigkeit. Zwischen 1970 und 1975 stieg die Zahl der Arbeitslosen auf über

---

[5] OECD-standardisiert, 1960–1964 (FRANZ 1998).
[6] Das Prinzip der starken Rückbindung der Ausländerbeschäftigung an die Erfordernisse des Arbeitsmarktes und der Konjunktur bestand in der Rezessionsphase von 1966/1967 seine erste Bewährungsprobe. Die Zahl der ausländischen Beschäftigten reduzierte sich um eine halbe Million, dies entsprach 46 % der ausländischen Arbeitskräfte (ANGENENDT 1992, S. 155). Somit war der gewünschte Effekt, ausländische Beschäftigte als Konjunkturpuffer einsetzen zu können, eingetreten. Deutsche Arbeitnehmer blieben von den Auswirkungen der Krise, die sich vor allem zu Lasten der ausländischen Beschäftigten auswirkte, weitgehend verschont, und mit der wieder einsetzenden Prosperität standen ausländische Arbeitskräfte erneut in großer Zahl zur Verfügung.
[7] Der Anteil der 20- bis unter 60-Jährigen an der Gesamtbevölkerung erhöhte sich zwischen 1970 und 1980 von 49,6 % auf 54,2 %.

Gebiet	Sozialversicherungspflichtig Beschäftigte		Arbeitslose im Juni 1997		
	am 30.6.1996 [1 000]	Entwicklung 1990–1996 [%]	[1 000]	Quote [%]	Entwicklung 1993–1997 [%-Punkte]
Alte Länder	21 536,5	−0,2	2 757,1	10,4	2,3
Neue Länder	21 536,5	−33,3	1 465,2	18,4	2,9
Deutschland	27 739,0	−10,2	4 222,3	12,2	2,4

Fig. 3 Beschäftigte und Arbeitslose in Deutschland (BBR 1998)
Employed and unemployed in Germany (BBR 1998)

eine Million, was einer Versechsfachung gleichkam, während die Zahl der Erwerbstätigen um 2,1 % zurückging. Mitte der 70er Jahre zeigte sich deutlich, dass die Angebotsrestriktion einem Angebotsüberhang gewichen war.[8]

2.4. Die 80er Jahre: Zuwanderung und Expansion der Arbeitslosigkeit

Die 70er Jahre, durch Energieverteuerung, industriellen Strukturwandel und steigende Arbeitslosigkeit gekennzeichnet, endeten – phänomenologisch betrachtet – erst Mitte der 80er Jahre. Ab diesem Zeitpunkt setzte eine günstige konjunkturelle Entwicklung ein, die gegen Ende des Jahrzehnts durch den Fall des Eisernen Vorhanges und die Wiedervereinigung der beiden deutschen Staaten einen nochmaligen Wachstumsimpuls erhielt. Die Nachfrage nach Arbeitskräften erhöhte sich.

Die Trends auf der Angebotsseite fanden auch in der zweiten Hälfte der 80er Jahre ihre Fortsetzung. Die Wohnbevölkerung erhöhte sich zwischen 1985 und 1990 um +4,4 %, im Wesentlichen als Folge einer wieder einsetzenden Zuwanderung von ausländischen Arbeitskräften, Familienangehörigen und Asylbewerbern.[9] Gleichzeitig stieg der Anteil der 20- bis unter 60-Jährigen von 54,2 % im Jahre 1985 auf fast 58 % im Jahre 1990. Beides zusammen erklärt, warum im Zeitraum 1985 bis 1990 die Zunahme der Beschäftigung um +7,1 % nur teilweise zum Abbau der Arbeitslosigkeit führte. Drei Viertel des Beschäftigungszuwachses wurden vom expandierenden Arbeitskräfteangebot „benötigt", nur rund ein Viertel kam der Reduktion der Arbeitslosigkeit zugute.

3. Die 90er Jahre: Effekte der deutschen Wiedervereinigung

Mit der deutschen Wiedervereinigung und dem Auslaufen der sich daran anschließenden Konjunktur änderte sich das Verhältnis von Beschäftigung, Arbeitslosigkeit und Arbeitskräfteangebot abermals. Das Arbeitskräfteangebot expandierte weiter, die Beschäftigung ging jedoch zurück. Der Anstieg der Arbeitslosigkeit war daher die Folge.

3.1. Rückgang der Beschäftigung und Anstieg der Arbeitslosigkeit

Zu Beginn der 90er Jahre waren in Deutschland rund 36 Mio. Personen erwerbstätig und 2,2 Mio. arbeitslos. Mitte der 90er Jahre (1996) erhöhte sich dann die Zahl der Arbeitslosen auf 3,4 Mio. Personen (Jahresdurchschnitt), während die Beschäftigung auf 33,8 Mio. zurückging. Die Zuwanderung aus dem Ausland und die Rückkehr bzw. der erstmalige Eintritt von Frauen in das Beschäftigungssystem haben zu einer bedeutenden Expansion der erwerbsfähigen und der erwerbsbereiten Bevölkerung geführt. Angebotsverringernde Maßnahmen, wie die Verlängerung der Schulpflicht oder die Herabsetzung des Pensionsantrittsalters, wurden angesichts der Spargebote öffentlicher Haushalte und der Diskussion über die Finanzierbarkeit des Rentensystems nicht in Erwägung gezogen (Fig. 3)[10].

Dazu kam auf der Nachfrageseite der massive Abbau von Beschäftigung in der Industrie sowohl in den alten als auch in den neuen deutschen Bundesländern. Vor dem Hintergrund einer verstärkten internationalen Arbeitsteilung, aber auch eines nun globalen Wettbewerbs wurden arbeitsintensive Produktionsteile ins Ausland verlagert. In den neuen Bundesländern waren viele der im sozialistischen System geschaffenen Kombinate und Betriebe nicht wettbewerbsfähig, so dass dort der Rückgang der Arbeitsplätze in der industriellen Fertigung wesentlich stärker ausfiel, als dies

---

[8] Ein angebotsentlastender Effekt stellte sich erst ein, als mit der Rückführung ausländischer Arbeitskräfte begonnen wurde. Bis Mitte der 80er Jahre sank die Zahl der ausländischen Arbeitskräfte um knapp 1 Mio., d.h. von 2,5 Mio. (1973) auf 1,6 Mio. (1985), und allein in den 70er Jahren um mehr als 0,6 Mio. Dieser Export realer oder potentieller Arbeitslosigkeit reduzierte das im Inland verfügbare Arbeitskräfteangebot und damit auch die potentielle Arbeitslosigkeit.

[9] Waren Mitte der 80er Jahre noch 1,6 Mio. ausländische Arbeitskräfte in Deutschland tätig, so erhöhte sich diese Zahl bis 1993 auf 2,2 Mio., ohne jedoch den Höchststand von 1973 zu erreichen. Viel stärker als die Zahl der ausländischen Beschäftigten stieg jedoch die Zahl der ausländischen Wohnbevölkerung als Folge der Familienzusammenführung und der Zuwanderung von Kriegsflüchtlingen. Innerhalb nur eines Jahrzehnts (von 1988 bis 1998) expandierte die ausländische Wohnbevölkerung von 4,5 Mio. auf über 7,3 Mio.

[10] Dies soll nicht heißen, dass keine aktiven arbeitsmarktpolitischen Maßnahmen (ABM, Strukturanpassungsmaßnahmen) durchgeführt worden sind. Quantitativ betrachtet, spielen diese nur in den neuen Ländern eine gewisse Rolle, in den alten Ländern jedoch nicht. 1998 wurde der westdeutsche Arbeitsmarkt durch arbeitsmarktpolitische Maßnahmen um 85 000 Personen entlastet, in Ostdeutschland jedoch um 279 000 Personen (1991 noch 543 000 Personen). Dazu kam in Ostdeutschland das Altersübergangsgeld, welches Anfang der 90er Jahre jährlich rund 500 000 Personen erfasst hat, dessen Bezieherkreis aber bis 1997 auf 58 000 Personen gesunken war (vgl. Enquete-Kommission 1998).

Fig. 4 Arbeitslosigkeit ist weiblich – Flur des Arbeitsamtes Leipzig (Foto: BOLESCH)
Unemployment is female – a hallway at the Leipzig labour exchange (Photo: BOLESCH)

in den alten Bundesländern der Fall war. Zwischen 1990 und 1996 ging der Anteil der Beschäftigten in der Industrie in den alten Ländern um −12,3 % und in den neuen Ländern um −48,8 % zurück. Insgesamt verringerte sich die Beschäftigung in den westlichen Ländern um −0,2 %, in den östlichen jedoch um −33,3 %. Ein Drittel aller Arbeitsplätze verschwand innerhalb weniger Jahre. Selten tritt ein derart tief greifender struktureller Wandel derart flächenhaft auf und erfasst so große Teile eines Staates.

Der massive Beschäftigungsrückgang führte in den alten und besonders in den neuen Ländern zur Zunahme der Arbeitslosigkeit, zur innerdeutschen Ost-West-Wanderung und zur Expansion der stillen Reserve.[11] Innerhalb weniger Jahre stieg die Arbeitslosigkeit bundesweit auf über 4,2 Mio., die Arbeitslosenquote auf 12,2 % und war damit um 2,3 % höher als noch 1993. Von diesem Anstieg der Arbeitslosigkeit waren besonders die neuen Länder betroffen. Dort liegt die offiziell registrierte Arbeitslosigkeit bei 18,4 % und betrifft damit 1,5 Mio. erwerbsbereite Einwohner. Spezifisch für das Zustandekommen der hohen Arbeitslosigkeit in den neuen Ländern war der rasche Rückgang der Nachfrage als Folge des Beschäftigungsverlusts in der Landwirtschaft und der Industrie.

3.2. Betroffenheit von Arbeitslosigkeit

Der rasante Anstieg der Arbeitslosigkeit hat einige Bevölkerungsgruppen mehr betroffen als andere. Dabei ist bemerkenswert, dass trotz des massiven Rückbaus der Industrie und einer Konsolidierung des Dienstleistungssektors die Arbeitslosigkeit in den neuen Ländern „weiblich" ist. Über 55 % aller registrierten Arbeitslosen in den neuen Bundesländern sind Frauen, in den westlichen Ländern sind es nur 43 %. Dies hängt in vielen Fällen direkt oder indirekt mit der Reduktion der sozialen Infrastruktur (wie z. B. der Kinderbetreuungseinrichtungen) zusammen, die zum Wegfall der von Frauen eingenommenen Arbeitsplätze geführt hat, aber auch die Erwerbstätigkeit von Frauen selbst verhindert. Dazu kommt, dass in Zeiten abnehmender Verfügbarkeit von Arbeitsplätzen der Verteilungskampf härter wird.

Insbesondere auf dem ostdeutschen Arbeitsmarkt sind Schließungstendenzen zu beobachten. Der Gegensatz zwischen denen, die einen Arbeitsplatz haben und jenen, die einen anstreben, vergrößert sich. „Insider" des Beschäftigungssystems schützen sich vermehrt gegen „Outsider". Frauen sind dabei oft die Verlierer und werden aus dem Erwerbsleben gedrängt.

Diese Tendenz zur Schließung führt auch dazu, dass Schulabsolventen und Berufseinsteiger schwer in das Beschäftigungssystem integriert werden. Der Anteil arbeitsloser Jugendlicher steigt damit an. In den neuen Ländern liegt der Anteil der arbeitslosen unter 25-Jährigen an allen Angehörigen dieser Altersgruppe deutlich über den Werten der alten Bundesländer. Ähnlich ist die Situation bei den über 55-Jährigen. Wer in diesem Alter seinen Arbeitsplatz verloren hat, der besitzt nur geringe Chancen, wieder einen zu finden. Die Schließungstendenz den Jungen gegenüber wird durch eine analoge Tendenz nach „oben" hin ergänzt. Die Arbeitslosigkeit der über 55-Jährigen ist in den neuen Ländern mit 12,3 % ebenfalls deutlich höher als in den alten Ländern (7,8 %; Fig. 5).

3.3. Die regionale Differenzierung

Der Anstieg der Arbeitslosigkeit ist unzweifelhaft ein wesentliches Kennzeichen der Arbeitsmarktentwicklung nach der deutschen Wiedervereinigung. Wer aber glaubt, dass das regionale Muster der Arbeitslosigkeit auf eine einfache Ost-West-Dichotomie reduzierbar ist, der irrt. Die Arbeitslosenquote ist in den neuen, östlichen Ländern zwar generell höher, aber nicht überall. In den Kreisen, die an Bayern, Hessen, Niedersachsen und Schleswig-Holstein angrenzen, liegt die Arbeitslosenquote unter dem Mittelwert der neuen Länder. Ebenso unterdurchschnittlich hoch ist die Arbeitslosig-

---

[11] Ein Faktor, der zur Entlastung des Arbeitsmarktes in den neuen Bundesländern beigetragen hat, war die enorme Ost-West-Wanderung. 1989 wanderten 388 000 Ostdeutsche in die alten Bundesländer, und 1990 waren es sogar 395 000, ohne dass es nennenswerte Wanderungsbewegungen in die andere Richtung gab (MÜNZ & ULRICH 1994). Dies hat sich mittlerweile geändert. 1996 verließen 166 000 Personen die neuen Bundesländer, es zogen jedoch auch 152 000 Personen aus den alten Bundesländern zu, so dass der Wanderungsverlust niedrig war.

Entwicklung des Arbeitskräfteangebots in Deutschland

Gebiet	Anteil [%] der arbeitslosen Frauen an allen Frauen zwischen 15 und 65 Jahren	Arbeitslosen unter 25 Jahre an allen unter 25-Jährigen	Arbeitslosen über 55 Jahre an allen über 55-Jährigen	arbeitslosen Ausländer an allen Ausländern	Langzeitarbeitslosen an allen Arbeitslosen
Alte Länder	5,5	4,5	7,8	17,3	35,2
Neue Länder	13,6	6,7	12,3	3,8	29,1
Deutschland	7,3	5,0	8,8	12,6	33,1

Fig. 5 Arbeitslose in Deutschland nach demographischen Gruppen 1997 (BBR 1998)
Unemployed by demographic groups in Germany 1997 (BBR 1998)

keit im Umland der großen Städte, im Süden von Berlin und in Potsdam. Was sich gegenwärtig zeigt, kann auch in Zukunft erwartet werden: Im Zentrum und an der westlichen Peripherie der ehemaligen DDR kann am ehesten mit einer positiven Nachfrageentwicklung und damit mit einem Sinken der Arbeitslosenquote gerechnet werden (Fig. 6).

Das räumliche Muster weicht von der postulierten Ost-West-Dichotomie noch weiter ab, wenn ausgewählte Problemindikatoren des Arbeitsmarktgeschehens in die Betrachtung einbezogen werden. Der Anteil der Langzeitarbeitslosen kann als ein solcher Problem-

indikator gelten, der auf eine spezifische Verfestigung der Arbeitslosigkeit verweist. Ein aufnahmefähiger regionaler Arbeitsmarkt mit einer hohen Performance hinsichtlich Einstellung und auch Entlassung wird deutlich niedrigere Anteile an Langzeitarbeitslosen aufweisen als ein Arbeitsmarkt ohne diese Aufnahmekapazität (Fig. 7).

Ein vollständig unterschiedliches räumliches Muster weist schließlich die Verteilung der Ausländerarbeitslosigkeit auf. Hier zählen die neuen Länder zu den eindeutig bevorzugten Gebieten. Weil dort der Anteil der ausländischen Wohnbevölkerung insgesamt gering

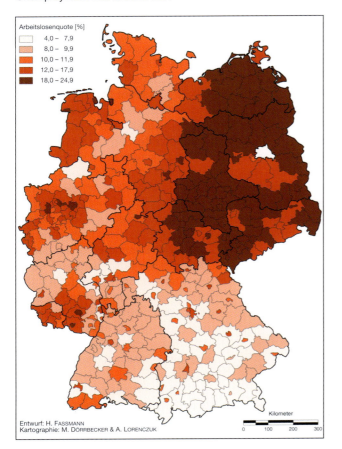

Fig. 6 Arbeitslosenquote im Juni 1997
(Institut für Arbeitsmarkt- und Berufsforschung 1998)
Unemployment rate in June 1997

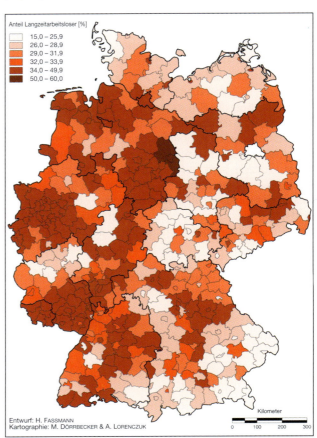

Fig. 7 Anteil der Langzeitarbeitslosen an allen Arbeitslosen im Juni 1997 (Institut für Arbeitsmarkt- und Berufsforschung 1998)
Percentage of persons long-term unemployed out of all unemployed persons in June 1997

© 2000 Justus Perthes Verlag Gotha GmbH

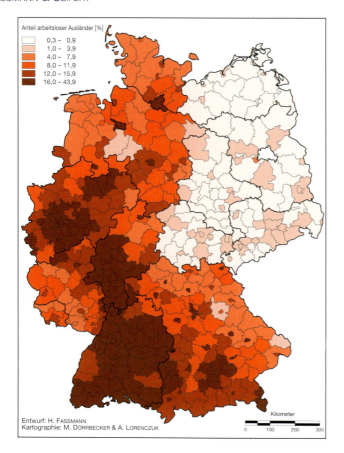

Fig. 8 Anteil der arbeitslosen Ausländer an allen Ausländern im Juni 1997 (Institut für Arbeitsmarkt- und Berufsforschung 1998)
Percentage of unemployed foreigners out of all foreigners in June 1997

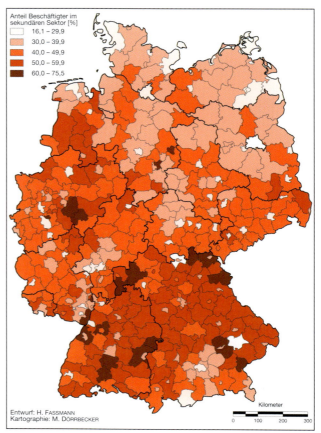

Fig. 9 Anteil der im sekundären Sektor Beschäftigten im Juni 1996 (Bundesamt für Bauwesen und Raumordnung 1998)
Percentage of employees in the secondary sector in June 1996

ist, erreicht auch der Anteil der ausländischen Arbeitslosen an allen Arbeitslosen nur unbedeutende Werte. In diesem Bereich liegen die Problemgebiete in den alten Ländern: Baden-Württemberg, Hessen, Nordrhein-Westfalen und die Stadtstaaten Hamburg und Bremen sind dabei die Spitzenreiter (Fig. 8).

Während die Arbeitslosigkeit erhebliche Unterschiede zwischen den alten und neuen Ländern aufweist, vollzog sich der sektorale Wandel ausgesprochen rasch. Dies hängt mit der relativen Trägheit des Erwerbsverhaltens der Bevölkerung auf der einen Seite und der unglaublich raschen Konvergenz des Produktions- und Dienstleistungssektors auf der anderen Seite zusammen. Der Druck des „Kapitals" und der ungehinderte Wettbewerb der Unternehmen auf einem ungeschützten Markt führten zu einer strukturellen Angleichung. Das Arbeitskräfteangebot benötigt Zeit, um sich auf die neue Situation einzustellen, die Nachfrageseite hat diesen Lernprozess bereits absolviert. Als Beispiel kann auf die sektorale Verteilung der Erwerbstätigen verwiesen werden, die sich zwar noch immer durch erhebliche regionale Unterschiede auszeichnen, die jedoch nicht mehr durch eine West-Ost-Dichotomie beschreibbar sind (Fig. 9).

Der Deindustrialisierungsprozess ist in den neuen Ländern so gut wie abgeschlossen. Nur mehr rund ein Drittel aller Beschäftigten ist dort in der Industrie tätig, während es in den alten Ländern noch über 41 % sind. In den südlichen neuen Ländern (Sachsen-Anhalt, Sachsen und Thüringen) liegt der Anteil der Industriebeschäftigten in etwa bereits auf dem Niveau der alten Bundesländer.

Umgekehrt hat der tertiäre Sektor in den neuen Ländern mit einem Beschäftigungsanteil von 62,7 % den der alten Länder bereits über-

Fig. 10 Beschäftigtenanteile nach Wirtschaftssektoren 1996 (BBR 1998)
Percentages of employees by economic sectors 1996

Gebiet	Sozialversicherungspflichtig Beschäftigte					
	Anteil zum 30.6.1996 am Sektor [%]			Veränderung des Anteils 1990 bis 1996 am Sektor [%-Punkte]		
	Primär	Sekundär	Tertiär	Primär	Sekundär	Tertiär
Alte Länder	0,9	41,5	57,6	−9,6	−12,3	11,1
Neue Länder	2,9	34,5	62,7	−80,9	−48,8	−7,4
Deutschland	1,3	39,9	58,7	−67,4	−22,9	6,0

flügelt. Dort sind nur 57,6 % aller Beschäftigten im Dienstleistungssektor tätig. Dies soll aber nicht darüber hinwegtäuschen, dass auch im Dienstleistungsbereich die Zahl der Arbeitsplätze in den neuen Ländern zurückging. Nur war der Rückgang mit −7,4 % in den Jahren 1990–1996 um ein Vielfaches geringer als in den anderen Sektoren, womit das relative Wachstum erklärbar ist (Fig. 10).

4. Die langfristige Entwicklung des Arbeitskräfteangebots

Nach der starken Expansion des Arbeitskräfteangebots und der Arbeitslosigkeit in der ersten Hälfte der 90er Jahre ist nach der weiteren Entwicklung zu fragen. Wird das Arbeitskräfteangebot zurückgehen und damit für eine Entlastung des Arbeitsmarktes sorgen, oder ist mit der umgekehrten Entwicklung zu rechnen?

Die Antworten darauf sind hinsichtlich der zeitlichen Perspektive zu unterscheiden. Kurzfristig ist mit keiner grundsätzlichen Änderung der Angebotsentwicklung zu rechnen. Die Berechnungen des IAB (*I*nstitut für *A*rbeitsmarkt- und *B*erufsforschung; BACH et al. 1999) zeigen, dass das Arbeitskräfteangebot in den vergangenen Jahren im Wesentlichen gleich geblieben ist, mit der Tendenz einer leichten Abnahme. Dies ist vor allem auf einen negativen internationalen Wanderungssaldo zurückzuführen. Diese Abnahme ist aber insgesamt gering und führt auch nur zu einem marginalen Sinken der Arbeitslosigkeit. Ein stärkeres Sinken der Arbeitslosigkeit wäre nur dann zu erwarten, wenn die Nachfrage nach Arbeitskräften und damit die wirtschaftliche Entwicklung insgesamt deutlich zunehmen würde.

Die längerfristige Angebotsentwicklung ist jedoch anders zu beurteilen. Alle vorliegenden Modellrechnungen gehen – je nach den Annahmen hinsichtlich der Zuwanderung – von einem Rückgang oder einer Stagnation der Bevölkerung aus. Das IFO nimmt einen niedrigen Wanderungsgewinn von 75 000 Personen pro Jahr an und gelangt damit zu einem Rückgang der Wohnbevölkerung zwischen den Jahren 2000 und 2040 von 82,5 Mio. auf 66,2 Mio. Das Statistische Bundesamt rechnet mit einer Nettoimmigration von jährlich +100 000 Personen, was langfristig (bis 2040) zu einer Wohnbevölkerung von 68,8 Mio. führen würde. Und selbst bei einer Bruttozuwanderung von +300 000 Personen jährlich (DIW), die derzeit aufgrund der strikten Zuzugsbegrenzungen und einer negativen Wanderungsbilanz unwahrscheinlich ist, würde die Bevölkerung schrumpfen, jedoch nur auf 79,3 Mio. (Fig. 11).

Wenngleich Prognosen immer mit gewissen Unsicherheiten behaftet sind, lässt sich Folgendes heute schon klar sagen: Deutschland wird im 21. Jahrhundert weniger Einwohner und eine im Durchschnitt deutlich ältere Bevölkerung aufweisen. Wenn alle Trends so bleiben wie in den vergangenen Jahren, dann steigt jedoch die Zahl der Personen im erwerbsfähigen Alter in den nächsten Jahren noch leicht an (auf 62 %), um erst nach 2010 zu sinken. Am Anfang ist dieses Sinken nur geringfügig, nach 2020, wenn die letzten Babyboomjahrgänge das Rentenalter erreicht haben werden, jedoch geradezu dramatisch (Fig. 12).

Aus der demographisch bedingten Veränderung der Zahl der erwerbsfähigen Menschen kann noch nicht direkt auf das Arbeitskräfteangebot geschlossen werden. Nicht alle, die sich im erwerbsfähigen Alter befinden, gehen einer Erwerbstätigkeit nach.[12] Die Erwerbsneigung als eine verhaltensorientierte Eigenschaft der Bevölkerung ist zu berücksichtigen. Und dabei lassen sich zwei gegenläufige Tendenzen beobachten: Einerseits gehen die Männererwerbsquoten zurück, andererseits nimmt die Erwerbsneigung der Frauen zu.

Der Rückgang des Arbeitskräfteangebots wird also umso deutlicher ausfallen, sofern sich die gegenwärtig bereits beobachtbaren Tendenzen des Rückganges

Jahr	Prognostizierte Bevölkerung [Mio.] (Institution/jährlicher Wanderungsgewinn)			
	IFO/ 75 000	Statistisches Bundesamt/ 100 000	Prognos/ 184 000	DIW/ 300 000
1995	81,8	81,6	81,8	81,8
2000	82,5	82,2	82,6	82,4
2010	80,7	81,0	82,7	82,9
2020	77,2	78,4	80,8	82,8
2030	72,2	74,3	77,2	81,6
2040	66,2	68,8	72,0	79,3

Fig. 11 Entwicklung der Bevölkerungszahl Deutschlands bis zum Jahr 2040 bei unterschiedlichen Wanderungsannahmen (Enquete-Kommission 1998, Statistisches Bundesamt)
Population growth in Germany to 2040 at different migration assumptions

Fig. 12 Bevölkerung nach breiten Altersgruppen 1995–2040 (Institut der deutschen Wirtschaft, zitiert nach Enquete-Kommission 1998)
Population by broad age groups, 1995–2040

Jahr	Bevölkerungsanteil [%] an der Gruppe			Altenquotient[1] [%]
	0–14 Jahre	15–59 Jahre	60 und älter	
1995	16,1	62,9	21,0	33,4
2000	15,4	61,4	23,2	37,8
2010	13,1	62,0	24,9	40,2
2020	12,9	59,2	27,9	47,1
2030	12,6	53,6	33,8	63,1
2040	11,9	53,2	34,9	65,6

[1] Hier: Anteil der über 60-Jährigen an den 15- bis 59-Jährigen.

---

[12] Gegenwärtig sind rund zwei Drittel aller erwerbsfähigen Personen (Bevölkerung im Alter von 15 bis 60 Jahren) auch tatsächlich erwerbstätig (oder auf Arbeitssuche). Zum dritten Drittel gehören all jene, die noch zur Schule gehen oder studieren, gerade ihren Militärdienst bzw. Zivildienst leisten, im Haushalt tätig sind oder sich bereits im Vorruhestand befinden.

© 2000 Justus Perthes Verlag Gotha GmbH

Jahr	Personen [1 000]					
	Erwerbs-personen	Erwerbs-tätige	Abhängig Beschäftigte	Unterbe-schäftigte[1]	Stille Reserve	Arbeits-lose
2000	41 112	34 888	31 399	6 224	2 303	3 921
2010	43 224	35 931	32 338	7 293	2 698	4 594
2020	42 650	37 005	33 305	5 644	2 088	3 566
2030	39 276	36 840	33 156	2 436	901	1 535
2040	37 395	35 075	31 568	2 320	858	1 461
Indexiert, 1995 =100						
2000	101,3	100,1	100,1	108,4	108,4	108,3
2010	106,5	103,1	103,1	127,0	127,0	126,9
2020	105,1	106,2	106,2	98,3	98,3	98,5
2030	96,7	105,7	105,7	42,4	42,4	42,4
2040	92,1	100,6	100,6	40,4	40,4	40,4

[1] Unterbeschäftigte sind stille Reserve und Arbeitslose. Zur stillen Reserve wird gerechnet, wer Arbeitsuchend, aber nicht arbeitslos gemeldet ist oder sich in einer beschäftigungspolitischen Maßnahme befindet.

Fig. 13 Entwicklung des Arbeitskräfteangebots in Deutschland 1995–2040 (Institut der deutschen Wirtschaft, zitiert nach Enquete-Kommission 1998) Development of labour supply in Germany, 1995–2040

der Männererwerbsquoten verstärken. Erwerbsverläufe und das Erwerbsvolumen von Männern haben sich nämlich in den vergangenen 20 Jahren im Wesentlichen in zwei Punkten verändert: Junge Männer treten später ins Erwerbsleben ein und sind länger teilzeitbeschäftigt, und ältere Männer gehen früher in Rente (HOLST & MAIER 1998). Auch bei Frauen gehen die Erwerbsquoten im „Randalter" zurück: Die Jüngeren verlassen das Bildungssystem immer später (verstärkter Besuch höherer Schulen, steigende Studentenzahlen, Verlängerung der faktischen Studienzeiten), und die Älteren scheiden immer früher aus dem Erwerbsleben aus (Frühpensionen, Pensionierung wegen verminderter Erwerbsfähigkeit, Vorruhestandsregelungen).

Quantitativ bedeutsamer als die sinkenden Erwerbsquoten der Männer und Frauen im „Randalter" – und im Endeffekt diese auch kompensierend – ist jedoch die zunehmende Erwerbsbeteiligung von Frauen im Haupterwerbsalter. Seit Mitte der 50er Jahre steigen die weiblichen Erwerbsquoten in Deutschland an. Nur in den 60er Jahren kam es – auch als Folge des Babybooms – zu einem vorübergehenden Rückgang. Der Anstieg der weiblichen Erwerbstätigkeit ist ein Teil eines allgemeineren gesellschaftlichen Modernisierungsprozesses, der auch als Feminisierung von Teilen des Arbeitsmarktes bezeichnet werden kann. Die Gründe dafür liegen in einem veränderten Rollenverhalten, in der besseren Ausbildung und den dadurch besseren Verdienstmöglichkeiten vieler Frauen, in der verringerten Kinderzahl und im höheren Anteil kinderloser Frauen, im höheren Anteil allein lebender oder geschiedener Frauen, aber auch in einer veränderten Nachfragestruktur auf dem Arbeitsmarkt. Mit dem Rückgang der Arbeitsplätze in der Industrie sowie im Zuge der Expansion des Dienstleistungssektors hat sich das Arbeitsplatzspektrum für Frauen deutlich ausgeweitet.

Werden diese Verhaltensänderungen, operationalisiert durch alters- und geschlechtsspezifische Erwerbsquoten, mit dem zukünftigen Altersaufbau der Bevölkerung verknüpft, dann gelangt man zum künftig zu erwartenden Arbeitskräfteangebot. Das Institut der Deutschen Wirtschaft (Enquete-Kommission 1998), welches so vorgegangen ist, nimmt an, dass die Zahl der Erwerbstätigen noch bis 2020 ansteigen und erst danach leicht zurückgehen wird. Im Jahre 2040 wird diese Zahl knapp über dem Niveau des Jahres 1995 liegen.[13]

Sowohl bei der Arbeitslosigkeit als auch bei der stillen Reserve wird daher bis 2010 mit einem Anstieg gerechnet. Im Jahre 2010 wird dann eine Arbeitslosenzahl von 4,6 Mio. erwartet. Hinzu kommen 2,7 Mio. stille Reserve. Erst danach kommt es zu einem raschen Abbau von stiller Reserve und Arbeitslosigkeit. Für das Jahr 2040 wird nurmehr mit 1,5 Mio. Arbeitslosen und mit 860 000 Personen in der stillen Reserve gerechnet (Fig. 13).

Die langfristige Entwicklung des Arbeitskräfteangebots ist also zweigeteilt zu betrachten. Bis 2010 wird – ceteris paribus – das Arbeitskräfteangebot zunehmen und, weil ein hohes Wirtschaftswachstum von mehr als 3 % langfristig nicht sehr wahrscheinlich ist, auch zur Erhöhung der Arbeitslosigkeit oder der stillen Reserve führen. Von der Bevölkerungsentwicklung des kommenden Jahrzehnts ist daher kein den Arbeitsmarkt entlastender Impuls zu erwarten.

Darüber hinaus ist jedoch mit einer grundsätzlichen Änderung der Angebots-Nachfrage-Relation auf dem Arbeitsmarkt zu rechnen. Durch den Rückgang und die Alterung der Bevölkerung sinkt auch das Arbeitskräfteangebot und entlastet zunächst den Arbeitsmarkt. Zuerst ist dieser Rückgang sehr moderat und erst ab dem Jahr 2020 deutlich ausgeprägt. Wenn die geburtenstarken Jahrgänge das Rentenalter erreicht haben und damit aus dem Arbeitsmarkt ausscheiden, wird sich das zur Verfügung stehende Arbeitskräfteangebot deutlich verringern. Dies wird erhebliche Konsequenzen für die soziale Sicherung haben. Nicht nur die Rentenversicherung wird entweder hohe Beiträge von den Beschäftigten verlangen oder die Leistungen auf ein Minimum begrenzen müssen, auch für die Krankenversicherung bedeuten ein steigender Altenquotient und eine höhere Lebenserwartung erhebliche zusätzliche Lasten.

Die Auswirkungen des sinkenden Arbeitskräfteangebots sind ab 2010 und besonders ab 2020 auch den

---

[13] Selbst bei einem Wanderungsgewinn von 500 000 Personen jährlich ab dem Jahr 2000 und bei hohen Erwerbsquoten, wie sie FUCHS & THON (1999) in einem Szenario unterstellen, würde die Zahl der Erwerbspersonen ab dem Jahr 2020 rückläufig sein.

gesamtwirtschaftlichen Rahmenbedingungen abträglich. Trotz der zu erwartenden Produktivitätsfortschritte im sekundären und teilweise auch im tertiären Sektor werden Arbeitskräfte benötigt, welche auf dem inländischen Arbeitsmarkt jedoch nicht mehr gefunden werden können. Die Wirtschaft gerät in eine neuerliche Phase der Angebotsrestriktion. Diese Wachstumsbeschränkung mag sich ab 2020 in der Realität gar nicht so stark auswirken, weil zu erwarten ist, dass bei einer alternden und stagnierenden Bevölkerungsentwicklung Absatzmärkte kleiner werden und das Wirtschaftswachstum schwächer wird;[14] in beiden Fällen führen jedoch die sinkende Bevölkerungszahl und die Verringerung des Arbeitskräfteangebots zu ungünstigen Rahmenbedingungen für die Wirtschaft, die auf Wachstum „programmiert" ist.

Fig. 14 Hoher Automatisierungsgrad – geringer Arbeitskräftebedarf: Montagehalle des Opelwerkes in Eisenach während der Produktion (Foto: Adam Opel AG)
High degree of automatization – low demand for workers: production hall of the Opel car factory at Eisenach during working hours (Photo: Adam Opel AG)

5. Fazit: Konsequenzen eines sinkenden und alternden Arbeitskräfteangebots

Das Arbeitskräfteangebot wird im kommenden Jahrzehnt noch zunehmen und dann – zuerst langsam und dann immer rascher – zurückgehen. Die Massenarbeitslosigkeit der 80er und 90er Jahre wird langfristig durch eine Arbeitskräfteknappheit abgelöst werden. Diese mit einer gewissen Sicherheit vorhersagbare Entwicklung wird dann nicht eintreten, wenn sich an den derzeit gültigen demographischen Strukturen etwas Grundsätzliches ändert, die Geburtenzahlen plötzlich wieder ansteigen oder die Bundesrepublik ihre Zuwanderungskontrolle lockert. Wenn dem nicht so ist, dann wird sich dieser arbeitsmarktpolitische Regimewechsel einstellen.

Wer glaubt, dass sich damit Vollbeschäftigung harmonisch und von alleine einstellt, der irrt, denn die empirischen Hinweise überwiegen (vgl. HOF 1996, S. 126), dass eine wachsende Bevölkerungszahl eine expansive Wirtschaftsentwicklung begünstigt und umgekehrt ein Bevölkerungsrückgang auch zu einer wirtschaftlichen Rezession führt. Es kann also durchaus sein, dass eine dann einsetzende Rezession mehr Arbeitskräfte freisetzt und damit den Rückgang des Arbeitskräfteangebots überkompensiert. In diesem Bereich ist die dynamische Abschätzung der Nachfrage nach Arbeitskräften sehr schwierig.

Wie auch immer: Der günstigste Weg scheint jedenfalls darin zu liegen, die „Talfahrt von Bevölkerung und Arbeitskräften zu bremsen und anschließend zu stabilisieren, damit es nicht zu sich selbst verstärkenden Abwärtsprozessen kommt" (HOF 1996, S.127). Eine häufig diskutierte Möglichkeit ist in diesem Zusammenhang Zuwanderung. Eine kompensatorische Zuwanderung könnte den Effekt der ungleichen Kohortenstärke zumindest teilweise ausgleichen. Dieser Ausgleich ist jedoch auch bei einer hohen Zuwanderung von jährlich rund +400 000 Personen im Saldo nur partiell möglich (POSCHNER 1996). Eine Zuwanderung, die diesen Prozess gänzlich stoppen könnte, müsste deutlich darüber liegen und würde sich damit in einer Größenordnung bewegen, die nicht mehr als politisch akzeptabel gilt.

Das Ansteigen des Durchschnittsalterss der Bevölkerung von rund 40 Jahren (1992) auf über 46 Jahre im Jahre 2020 (bei einer Zuwanderung von rund +300 000) und jenes der Erwerbstätigen von 38,4 auf 42,3 Jahre ist sehr wahrscheinlich. Damit ist aber nicht nur eine Verschiebung der Altersstruktur zu erwarten, sondern auch eine Veränderung des innovativen Milieus und der betrieblichen Lohnkosten. In einem Lohnsystem, welches an Senioritätsregeln gebunden ist, erhöht sich die Lohnsumme mit dem Alter der Belegschaft. Steigende Lohnkosten beeinflussen aber auch die Konkurrenzfähigkeit von Unternehmen. Entweder erfolgt eine stärkere Abkoppelung der Löhne vom Alter, oder es muss

---

[14] Im Detail ist der Zusammenhang von alternder Gesellschaft und wirtschaftlicher Entwicklung nicht restlos geklärt. Ältere Menschen gelten zwar einerseits als zurückhaltende Konsumenten, andererseits dürfte im medizinischen Bereich und in der Altenpflege eine erhebliche Nachfrage geschaffen werden.

Fig. 15 Neue Arbeitsplätze im Dienstleistungsbereich: Call-Center der Messe München GmbH (Foto: Messe München)
New jobs in the service industry: call center of Munich Fair Ltd. (Photo: Messe München)

über Produktivitätssteigerungen versucht werden, die Konkurrenzfähigkeit wiederherzustellen.

Der Rückgang des Arbeitskräfteangebots und die Alterung der Erwerbsbevölkerung betreffen weniger die großen Metropolen Deutschlands als den ländlichen und besonders den peripheren Raum. Die großen Metropolen haben im Zuge der Internationalisierung der Wirtschaft an Attraktivität gewonnen und werden auch in Zukunft bevorzugtes Ziel der nationalen und der internationalen Wanderungen sein. Sie werden anderen Regionen Humankapital entziehen und damit eine auch nur einigermaßen egalitäre räumliche Entwicklung verhindern. Attraktive Städte, wie München, Köln, Hamburg und Berlin, werden auch dann Arbeitskräfte an sich binden können, wenn in anderen Regionen, wie in der Oberpfalz, in Mecklenburg-Vorpommern, im Emsland oder in Westfalen, das Arbeitskräftepotential ausdünnt.

Die Alterung und der langfristige Rückgang des Arbeitskräfteangebots erfordern verstärkte Anstrengungen, um die Weitergabe und Erneuerung von Wissen zu sichern sowie die innovative Kapazität in den Unternehmen zu erhalten. Das Maßnahmenbündel reicht dabei von neuen und altersspezifischen Lernmodellen, einer gewissen Abkoppelung von altersbestimmten Einkommensniveaus bis hin zu einer gezielten Migrationspolitik, um für eine Reproduktion von Arbeitskräften und Qualifikationen zu sorgen. Diese politischen Maßnahmen werden, wenn die Babyboomjahrgänge das Rentenalter erreicht haben, um vieles wichtiger sein als die gegenwärtig dominierenden Strategien zur Bekämpfung der Arbeitslosigkeit.

Literatur

Angenendt, St. (1992): Ausländerforschung in Frankreich und der Bundesrepublik Deutschland. Gesellschaftliche Rahmenbedingungen und inhaltliche Entwicklung eines aktuellen Forschungsbereiches. Frankfurt am Main und New York.

Bach, H.-U., Kohler, H., Magvas, E., Pusse, L., & E. Spitznagel (1999): Der Arbeitsmarkt in der Bundesrepublik Deutschland in den Jahren 1998 und 1999. Mitteilungen aus der Arbeitsmarkt- und Berufsforschung, 32 (1): 5–40.

BBR [Bundesamt für Bauwesen und Raumordnung] (1998): INKAR – Indikatoren und Karten zur Raumentwicklung. Bonn.

Birg, H., Filip, D., Flöthmann, E.-J., & T. Frein (1997): Zur Eigendynamik der Bevölkerungsentwicklung der 16 Bundesländer Deutschlands – Ein multiregionales Bevölkerungsmodell mit endogenen Wanderungen. Materialien des Instituts für Bevölkerungsforschung und Sozialpolitik. Bielefeld.

Enquete-Kommission „Demographischer Wandel" (1998): Zweiter Zwischenbericht: Herausforderungen unserer älter werdenden Gesellschaft an den einzelnen und an die Politik. Bonn.

Fassmann, H., & P. Meusburger (1997). Arbeitsmarktgeographie. Erwerbstätigkeit und Arbeitslosigkeit im räumlichen Kontext. Stuttgart.

Franz, W. (1998): Arbeitslosigkeit. In: Schäfers, B., & W. Zapf [Hrsg.]: Handwörterbuch zur Gesellschaft Deutschlands. Opladen, 11–22.

Fuchs, J., & M. Thon (1999): Potentialprojektion bis 2040: Nach 2010 sinkt das Angebot an Arbeitskräften. IAB Kurzbericht Nr. 4 vom 20.5.99.

Gerlach, K., & U. Jirjahn (1998): Technischer Fortschritt, Arbeitsorganisation und Qualifikation: Eine empirische Analyse für das Verarbeitende Gewerbe Niedersachsens. Mitteilungen aus der Arbeitsmarkt- und Berufsforschung, 31 (3): 426–437.

Herbert, U. (1986): Geschichte der Ausländerbeschäftigung in Deutschland 1880 bis 1980. Saisonarbeiter, Zwangsarbeiter, Gastarbeiter. Berlin u. Bonn.

Herden, R.-E. (1999): Demographische Veränderungen in ehemaligen Industriestandorten des Landes Brandenburg. Manuskript. Humboldt-Universität Berlin, Lehrstuhl Bevölkerungswissenschaft.

Herden, R.-E., & R. Münz (1998): Bevölkerung. In: Schäfers, B., & W. Zapf [Hrsg.]: Handwörterbuch zur Gesellschaft Deutschlands. Opladen, 71–85.

Höhn, Ch. (1996): Bevölkerungsvorausberechnungen für die Welt, die EU-Mitgliedsländer und Deutschland. Zeitschrift für Bevölkerungswissenschaft, 21 (2): 171–218.

Hof, B. (1996): Szenarien künftiger Zuwanderungen und ihre Auswirkungen auf Bevölkerungsstruktur, Arbeitsmarkt und soziale Sicherung. Allgemeines Statistisches Archiv, **80**: 109–145.

Holst, E., & F. Maier (1998): Normalarbeitsverhältnis und Geschlechterordnung. Mitteilungen aus der Arbeitsmarkt- und Berufsforschung, **31** (3): 506–518.

Hradil, St. (1999): Soziale Ungleichheit in Deutschland. Opladen.

Landesamt für Datenverarbeitung und Statistik Land Brandenburg [Hrsg.] (1997): Bevölkerungsprognose für das Land Brandenburg 1996–2015. Potsdam.

Lindh, T., & B. Malmberg (1999): The structure effects and growth in the OECD, 1950–1990. Journal of Population Economics, **3**.

Münz, R., Seifert, W., & R. Ulrich (1997): Zuwanderung nach Deutschland. Strukturen, Wirkungen, Perspektiven. Frankfurt/M. u. New York.

Münz, R., & R. Ulrich (1994): Demographische Entwicklung in Ostdeutschland und in ausgewählten Regionen. Analyse und Prognose bis 2010. Zeitschrift für Bevölkerungswissenschaft, **19** (4): 475–416.

Münz, R., & R. Ulrich (1996): Internationale Wanderungen von und nach Deutschland, 1945–1994. Demographische, politische und gesellschaftliche Aspekte räumlicher Mobilität. Allgemeines Statistisches Archiv, **80** (1): 5–35.

Poschner, H. (1996): Die Effekte der Migration auf die soziale Sicherung. Weiden u. Regensburg.

Seifert, W. (1995): Die Mobilität der Migranten. Die berufliche, ökonomische und soziale Stellung ausländischer Arbeitnehmer in der Bundesrepublik. Berlin.

Sen, F. (1992): International Migration for Employment. Probleme und Eingliederungsengpässe der türkischen Migranten in der Bundesrepublik Deutschland. Working Paper. Genf.

Setzer, M. (1997): Globalisierung und Zukunft der Arbeit. Unser Arbeitsbegriff steht vor einem revolutionären Umbruch. Zukünfte, **6**: 24–28.

Sommer, B. (1994): Entwicklung der Bevölkerung in 2040. Wirtschaft und Statistik, **21** (7).

Statistisches Bundesamt [Hrsg.] (1997): Datenreport 1997. Bonn.

Steinert, J.-D. (1995): Migration und Politik. Westdeutschland–Europa–Übersee 1945–1961. Osnabrück.

Manuskriptannahme: 6. August 1999

Prof. Dr. Heinz Fassmann, Technische Universität München, Geographisches Institut, Arcisstraße 21, 80290 München
E-Mail: heinz.fassmann@lrz.tu-muenchen.de

Priv.-Doz. Dr. Wolfgang Seifert, Humboldt-Universität zu Berlin, Geographisches Institut (Sitz: Chausseestraße 86), Unter den Linden 6, 10099 Berlin
E-Mail: wolfgang.seifert@rz.hu-berlin.de

Anzeige

Petermanns Geographische Mitteilungen

Ergänzungsheft 294

Karl Mannsfeld & Hans Neumeister (Hrsg.)

Ernst Neefs Landschaftslehre heute

152 Seiten, 34 Abbildungen, 11 Tabellen

ISBN 3-623-00852-4
DM 68,--

Diese Aufsatzsammlung steht in der Tradition der Landschaftslehre von Ernst Neef. Die insgesamt acht Aufsätze analysieren die vom Menschen gestaltete Umwelt sowohl aus naturwissenschaftlicher als auch aus geisteswissenschaftlicher Sicht und belegen die Anwendungen theoretischer Positionen in der Praxis.

Zur Reihe

Die Ergänzungshefte zu Petermanns Geographischen Mitteilungen sind eine der ältesten und interessantesten Reihen geographischer Fachliteratur. Seit 1860 sind insgesamt 294 Ergänzungshefte erschienen, die spezielle Themen und Beiträge behandeln, die über das in der Zeitschrift „Petermanns Geographische Mitteilungen" gebotene Maß hinausgehen.

© 2000 Justus Perthes Verlag Gotha GmbH

PGM Forum

Leserpost zum PGM-Pilotheft 2000

Es freut mich, dass die Ausstattung von PGM mit den vielen Farbabbildungen ästhetisch so schön und qualitativ so anspruchsvoll gestaltet wurde. Sie sollten aber überlegen, ob Sie die Bildunterschriften zweisprachig (deutsch/englisch) machen. Was halten Sie davon?

HELMUT BRÜCKNER, Marburg

Meinen Glückwunsch zur langen und erfolgreichen Tradition der Zeitschrift „Petermanns Geographische Mitteilungen", die gemäß Ihrer Verlagsintention nun unter dem Motto „Tradition in neuer Qualität" einen neuen Akzent setzen wird. Ich begrüße die inhaltliche und gestalterische Neukonzeption sehr und verstehe darunter auch eine thematische Schwerpunktbildung der einzelnen Hefte.

Ich darf anbieten und versichern, dass ich auch gerne einmal als Moderator für ein Heft zur Verfügung stehen werde: Warum nicht „Umwelt tropischer Inseln" oder „Folgen globaler Klimaänderungen für Gesellschaft und Umwelt"?

Ich wünsche der neuen Generation von PGM alles Gute und eine in jeder Hinsicht positive internationale Resonanz. Hierzu rege ich in jedem Fall auch an, Veröffentlichungen in englischer Sprache einen größeren Umfang zu widmen.

MANFRED DOMRÖS, Mainz

Herzlichen Glückwunsch zur Neugestaltung von „Petermanns Geographischen Mitteilungen". Das ist nun endlich eine geographische Fachzeitschrift, die an moderne Sehgewohnheiten appelliert. Und das macht nicht nur Lust zum Lesen, sondern auch zum Veröffentlichen. Hier liegt für mich persönlich allerdings auch ein Wermutstropfen: Wenn PGM ausschließlich angeforderte Aufsätze publiziert, sehe ich die große Gefahr, dass bestehende Netzwerke im Wissenschaftsbetrieb sich weiter in den Vordergrund spielen können. Währenddessen bleibt die lobbylose jüngere Forschergeneration, zu der auch ich gehöre, mal wieder im Regen stehen. Und gerade wir sind es doch, die eine moderne geographische Öffentlichkeitsarbeit begrüßen ...

HANS JÜRGEN BÖHMER, Erlangen

Mit Interesse und Freude habe ich im PGM-Pilotheft festgestellt, dass ein Heft dem Thema „Klimawandel" gewidmet sein wird. Es würde uns sehr freuen, wenn wir in diesem Themaheft Resultate unserer Untersuchungen zu den Auswirkungen einer Klimaänderung auf den Tourismus im Alpenraum vorstellen könnten.

HANS ELSASSER, Zürich

Vielen Dank für die Zusendung des Piloftheftes 2000 der PGM. Ich finde das Heft inhaltlich sehr gelungen und freue mich über das neue Layout. In der Vorschau habe ich gelesen, dass Hefte mit den Themen „Ökosystemforschung", „Fernerkundung" und „Klimawandel" vorgesehen sind. Falls Sie die Beiträge für diese Hefte noch nicht vollständig haben, möchte ich Ihnen für jedes Heft einen Beitrag von mir und Kollegen vorschlagen.

MARTIN KAPPAS, Mannheim

Da mir Ihr Pilotheft gut gefällt, möchte ich anfragen, ob die Möglichkeit besteht, mir die Moderation eines Fernerkundungsheftes der PGM zu übergeben. Ich arbeite seit nunmehr zehn Jahren im Bereich der Angewandten Fernerkundung und würde mich freuen, gemeinsam mit einem Herausgeber oder auch allein ein solches Heft zu betreuen.

CARSTEN JÜRGENS, Regensburg

Leider muss ich nach eingehender Prüfung des Piloftheftes der neuen PGM zum Schluss kommen, dass ich für das Heft kein Folgeabonnement eröffnen möchte. Als Gründe seien Ihnen dafür kurz umrissen:
- Der Preis des Heftes steht in einem Missverhältnis zum Informationsgehalt im Vergleich zu Konkurrenzprodukten.
- Das durchaus ansprechende Layout überwiegt den tatsächlich verwertbaren Gehalt des Heftes.
- Nur sechs Fachartikel stehen einem recht hohen Eigenwerbeanteil einschließlich einer Buchbesprechung von Produkten aus eigenem Hause gegenüber.

OLE BEINKER, Trier

Die Redaktion bedankt sich für die zahlreichen Hinweise, Vorschläge und Wünsche, die sie seit dem Erscheinen des PGM-Piloftheftes 2000 erreichten und die wir hier auszugsweise wiedergeben. Konstruktiver Kritik stehen wir aufgeschlossen gegenüber – sie hilft die Qualität unserer Zeitschrift zu verbessern. Deswegen wird PGM ab sofort mit zweisprachigen Bildunterschriften in den Aufsätzen und mit der Angabe der Moderatoren für die angekündigten Themen erscheinen. Somit können sich alle potentiellen Autoren mit ihren Publikationswünschen direkt an den verantwortlichen Herausgeber wenden. Vorschläge für Heftthemen und Co-Moderationen nimmt die Redaktion gern entgegen in dem Bemühen, den vielen Wünschen mit ihrer Planung für die Jahre ab 2001 gerecht zu werden. Die jüngere Forschergeneration der Geographie möchten wir ausdrücklich ermutigen, ihre Manuskripte einzureichen. Das Angebot, jederzeit unabhängig vom Heftthema unter der Rubrik „Forum" veröffentlicht zu werden, steht nach wie vor. Außerdem denken Herausgeber und Verlag darüber nach, wie im Rahmen von PGM zusätzliche Publikationsmöglichkeiten für aktuelle Beiträge geschaffen werden können, die über den bestehenden Themenplan hinausgehen.

People, jobs and mobility in the new Europe

/ ed. by Hans H. Blotevogel & Anthony J. Fielding. – Chichester ; New York ; Weinheim [u.a.] : John Wiley & Sons, 1997. – VII, 312 S. : Fig., Tab., Lit., Reg. – ISBN 0471-94901-9 : 45,– £.

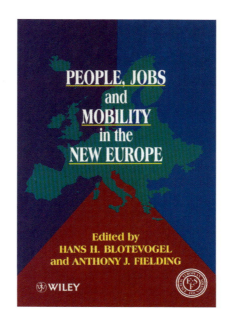

Der von Blotevogel & Fielding herausgegebene Sammelband präsentiert Arbeitsergebnisse der Gruppe „Bevölkerung" in dem von der European Science Foundation geförderten Forschungsprogramm „Regional and Urban Restructuring in Europe" (RURE). Bereits der Titel signalisiert, dass in diesem Band von den Herausgebern aktuelle Beiträge über das sich wandelnde Europa zusammengestellt wurden. Im Zuge wachsender Integration und zunehmenden Wettbewerbs wird die regionale ökonomische Restrukturierung und die damit einhergehende Verlagerung von Arbeitsplätzen und zunehmende interregionale Mobilität facettenartig durch die Beiträge beleuchtet. Die insgesamt 15 Einzelbeiträge sind in 5 Abschnitte gegliedert, deren Spannweite von der theoretischen Grundlegung durch Beiträge von Hans Blotevogel & Sture Öberg (Abschnitt I) bis zu einem die wesentlichen Ergebnisse zusammenfassenden Beitrag von Anthony Fielding reicht (Abschnitt V). In den drei weiteren Abschnitten sind neben drei Überblicksbeiträgen zum Neuen Europa insgesamt zahlreiche empirische Einzelstudien auf regionaler bzw. nationaler Ebene enthalten. Die Beiträge bieten dem Leser einen guten Überblick zur Entwicklung und zum aktuellen Stand sowohl zu den ökonomischen Rahmenbedingungen als auch zu den Wanderungsvorgängen. Durch die gelungenen Einführungen im ersten Abschnitt werden dem Leser die Grundlagen und der theoretische Hintergrund zum Verständnis der regionalen Restrukturierungs- und Migrationsprozesse ins Gedächtnis gerufen. Einzelne Facetten dieser Entwicklung handeln die Autoren in den empirischen Fallstudien ab. Die gelungene Zusammenstellung der Einzelbeiträge erlaubt es dem Leser, gemeinsame Determinanten und regionale bzw. nationale Besonderheiten zu erkennen und zu einem aussagekräftigen Mosaik zusammenzusetzen. Dies wird durch den Beitrag von Fielding unterstützt, indem er die Effekte der ökonomischen Restrukturierung auf die Entwicklung und Verteilung der Bevölkerung zusammenfasst. – Dieser Sammelband sollte in keiner regionalwissenschaftlichen Bibliothek fehlen, bietet er doch dem Leser in knapper Form einen umfassenden Überblick zum Themenfeld „Menschen, Arbeitsplätze und Mobilität im Neuen Europa".

Günter Löffler

Geschlechtsspezifische Entwicklungen, Strukturen und Determinanten des thailändischen Arbeitsmarktes :

das Beispiel der Sekundärzentren Phuket und Chiang Mai / Birgit Montag. – Düsseldorf : Geographisches Institut der Heinrich-Heine-Universität, 1997. – XIV, 198 S. : 72 Abb., 65 Tab., 12 Ktn., Lit. ; 30 cm. – (Düsseldorfer Geographische Schriften ; 35). – ISSN 0935-9206 : 25,– DM.

Im Rahmen eines größer angelegten Forschungsprojektes über „Urbanisierungsprozesse in Mittelstädten der Dritten Welt" untersucht Birgit Montag den geschlechtsspezifischen Arbeitsmarkt in den beiden thailändischen Städten Phuket und Chiang Mai, wozu mittels eines standardisierten Fragebogens insgesamt 1965 Personen (981 Männer und 984 Frauen) befragt wurden. Als theoretisches Fundament für die Studie werden Konzepte der Frauen-, der Entwicklungsländer- und der Arbeitsmarktforschung herangezogen, als thematische Vorbereitung beschreibt die Autorin die Rolle der Frau in der thailändischen Gesellschaft sowie die ökonomisch-politischen Rahmenbedingungen der Entwicklung der beiden thailändischen Sekundärzentren und ihrer Arbeitsmärkte. Dabei scheint mir das Thema sehr gut gewählt. Die Veränderung von Geschlechterrollen und die stärkere Partizipation von Frauen auf dem Arbeitsmarkt sind ein ganz wichtiger Aspekt der Entwicklung dynamischer Regionen der Dritten Welt in den letzten Jahrzehnten, Montags Erörterungen dazu sind jedoch eher enttäuschend. Zu viele Ansätze werden oberflächlich gestreift, wichtige Gedanken werden zwar gesammelt, aber zu wenig kritisch gegeneinander abgewogen, durchdacht

und konsequent umgesetzt. Für die folgende Analyse wäre es sinnvoller gewesen, sich beispielsweise auf die Literatur zur Erwerbsbeteiligung von Frauen in Städten der Dritten Welt zu konzentrieren und deren Voraussetzungen und Konsequenzen im Detail zu diskutieren. – Weniger wäre mehr gewesen. Das gilt nach meiner Einschätzung auch für die Präsentation der Ergebnisse der empirischen Aufnahmen. Positiv zu vermerken ist die große Anzahl an befragten Personen mit einem offensichtlich sehr umfassenden Fragebogen, allerdings wird außer dem Kriterium „Arbeitsplatz" nirgends erklärt, wie diese Personen ausgewählt wurden. Interessant ist die Idee, die Verhältnisse der übrigen Familienmitglieder mit einzubeziehen. Daraus resultiert eine Fülle von Daten zu Beruf, Einkommen, Ausbildung, Familie, Migration usw. Die Resultate sind im Detail interessant, jedoch in den grundsätzlichen Aussagen wenig überraschend: z. B., dass soziale Aspekte eine Schlüsselstellung für die Erklärung geschlechtsspezifischer Arbeitswelten einnehmen (S. 170) und dass moderne, zum Teil global orientierte Arbeitsmärkte neue Chancen für einen Teil der Frauen bieten, dass Arbeitsmärkte aber nach wie vor stark segmentiert sind und die Bedingung für Frauen trotz immer besserer Ausbildung relativ zu denjenigen der Männer schlechter sind. Die Darstellung der einzelnen Faktoren ist sehr ausführlich, sorgfältig, aber zum Teil auch redundant. Ich hätte mir mehr Mut zur Auswahl und dafür dann eine stärkere Rückbindung an theoretische Konzepte sowie Vergleiche zu Erfahrungen anderer Studien mit ähnlichem Inhalt gewünscht. – Manche der Ausführungen in den verschiedenen Teilen der Arbeit stimmen nachdenklich: Beispielsweise beginnt die Autorin die Erklärungen zu den gesetzlich-institutionellen Rahmenbedingungen für die gesellschaftliche Stellung der Frau mit Erläuterungen zu buddhistischen Schriften im 14. Jh. Würden wir bei einer solchen Analyse in Deutschland auch ins Mittelalter zurückgreifen? Wenn ja, was würde dabei herauskommen? Wenn nein, sind die Verhältnisse in Thailand so anders, oder ist unser Blick auf die gesellschaftliche Stellung der Frau in Thailand ein anderer? Damit ist die vorliegende Arbeit von MONTAG schließlich doch zu empfehlen, nicht nur für diejenigen Leser, die sich für detaillierte geschlechtsspezifische Informationen zu dynamischen Arbeitsmärkten in der Dritten Welt interessieren, sondern auch als Spiegelfläche für diejenigen, die sich über die Entwicklung einer aktuellen „Geographie der Entwicklungsländer" Gedanken machen.

VERENA MEIER

Population and enviroment in arid regions
/ ed. by J. CLARK & D. NOIN. – New York ; Carnforth : Parthenon, 1998. – XXV, 384 S. : Fig., Tab., Lit., Reg. – (Man and the Biospere Series ; 19). – ISBN 1-85070-962-9 : 45,– GBP ; 75,– US-$.

Der anzuzeigende Band steht in der Tradition eines nunmehr schon mehr als 45 Jahre währenden Engagements der UNESCO zur Förderung der internationalen Kooperation im Hinblick auf interdisziplinär ausgerichtete Fragen der Trockengebiete. Wichtige Impulse gingen von den Konferenzen, Workshops und Verhandlungsbänden für die Forschungen in und über „arid lands" aus. In den letzten Jahren lässt sich die Tendenz beobachten, dass verstärkt Fragen der menschlichen Nutzung in den Vordergrund rücken, nachdem in der Anfangsphase enger gefasste Themen zur ökologischen Ausstattung der Trockengebiete überwogen. Der vorliegende Tagungsband fasst in Auswahl die Ergebnisse der Konferenz über „Population and Environment in Arid Regions" zusammen, die vom 24. bis 27. Oktober 1994 an der University of Jordan in Amman stattfand. Die Herausgeber umreißen in einem einleitenden Kapitel das Tagungsthema, spezifizieren ihre Einschätzung über die Ausdehnung der Trockengebiete und liefern grundlegende Definitionen. Schon hier wird deutlich, dass es den Organisatoren der Konferenz um eine Verknüpfung der begrenzten und gefährdeten Ressourcenausstattung von Trockenräumen mit der Problematik einer wachsenden Bevölkerung darin sowie den Konsequenzen aus einem zunehmenden menschlichen Nutzungsanspruch in einer risikoreichen ökologischen Zone geht. Folglich mündet das Einleitungskapitel in eine Problemskizze ein, die zunächst die Bevölkerungszunahme in den Staaten statistisch belegt, die vollständig in Trockengebieten lokalisiert sind, bevor Phänomene wie Vegetati-

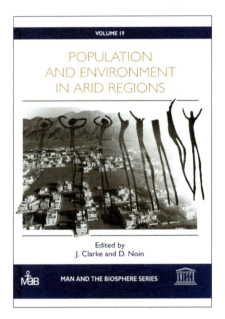

ons- und Bodendegradation, Abnahme der gespeicherten Wasservorräte sowie Anforderungen an politische Entscheidungsträger thematisiert werden. In den folgenden vier Sektionen werden Fallstudien präsentiert, die sich an der vorgegebenen Leitlinie orientieren und, dem Tagungsort entsprechend, im Wesentlichen aus Gebieten des altweltlichen Trockengürtels stammen. In der ersten Sektion zum Thema menschliche Ursachen der Desertifikation stellt HASSAN MUSA YOUSIF den Zusammenhang von Brennstoffnutzung und Bevölkerungswachstum am Beispiel Sudans vor. JEAN-LOUIS DONGMO problematisiert den menschlichen Einfluss auf die natürliche Vegetation im Norden Kameruns. ABDEL KADER FAHEM beschreibt die mauretanischen Dürrekrisen vor dem Hintergrund der Bevölkerungsentwicklung, während sich NOUREDDINE CHALBI mit dem Verlust von Biodiversität in Nordafrika auseinandersetzt. Eine ägyptische Fallstudie von MOHAMED A. AYYAD & BOSHRA B. SALEM untersucht die Möglichkeiten des Einsatzes von Fernerkundungsmethoden in der mediterranen Wüstenregion und leitet über zur zweiten Sektion, die ebenfalls fünf Beiträge zum Thema Umweltprobleme und Überlebensbedingungen in Trockengebieten umfasst. MARIA CARMEN FAUS-PUJOL & ANTONIO HIGUERAS-ARNAL rekonstruieren zwei Fälle der Wasserverknappung in spanischen Trockengebieten. LAURENT AUCLAIR, LAMIA LAAJILI GHEZAL & ROGER PONTANIER untersuchen den Zusammenhang zwischen Umwelt und Bevölkerung im tunesischen Hohen Tell, während sich SARA RANDALL auf die Dürrefolgen für die Bewohner der malischen Gourma (südlich des Niger-Knies) konzentriert. RONALD JAUBERT & RICCARDO BOCCO analysieren traditionelle Bewirtschaftungssysteme in Syrien und fragen sich, ob es sich bei diesen „Systemen" um Konstrukte oder Realität handelt. Im selben Land untersucht MARINA LEYBOURNE die Anpassungsfähigkeit beduinischer Produktionssysteme. Die dritte Sektion widmet sich in vier Beiträgen Fragen der Bevölkerungsentwicklung in Trockengebieten. Das Papier von BÉATRICE KERR thematisiert allgemein den Einfluss von Arbeitsmigration auf die Nachhaltigkeit ländlicher Entwicklung in Trockengebieten. Es folgen weitere Fallstudien aus Afrika: R. MANSELL PROTHERO stellt Formen saisonaler Mobilität im Zusammenhang westafrikanischer Dürrekrisen dar, MICHEL PICOUET & MONGI SGHAIER berichten über Bevölkerungsprozesse in einer tunesischen Oase, während ALLAN M. FINDLAY & MOHAMMED MAANI Fertilitätsveränderungen im Trockengebiet der jordanischen Badia herausstellen und in einen größeren Kontext einzuordnen versuchen. Die abschließende Sektion umfasst drei Beiträge zu Entwicklungsprojekten und politischen Handlungsempfehlungen. RODERIC W. DUTTON stellt das jordanische Badia-Projekt vor, das eine exemplarische Antwort auf Bevölkerungsprozesse in Trockengebieten zu geben verspricht. BEHROOZ MORVARIDI stellt die Frage, ob Umweltdegradation überhaupt eine demographische Dimension hat und schlägt eine Analysemethode auf Haushaltsebene vor. ALLAN FINDLAY diskutiert Handlungsanweisungen für die politische Praxis. In einer abschließenden Zusammenfassung versuchen die Herausgeber DANIEL NOIN & JOHN I. CLARK, die Konferenzergebnisse zu systematisieren. Sie kommen zu dem sich bei der Lektüre mittlerweile allenthalben bemerkbar gemachten Schluss, dass die Thematik komplexer ist als dargestellt und weiterer Forschungsanstrengungen bedarf. Die teilweise etwas zwanghaft verfolgte Kombination von Bevölkerungswachstum und Degradation, ohne die Vielzahl weiterer Einflussfaktoren einzubeziehen, scheint wenig zur weiter fortgeschrittenen Debatte über Verfügungsrechte, Verwundbarkeit und Bewältigungsstrategien beizutragen. Nun fragt sich der geneigte Leser, ob diese kostspielige und aufwendige Publikation in diesem Stadium hätte dann der Öffentlichkeit schon übergeben werden müssen.

HERMANN KREUTZMANN

La dynamique des populations: populations stables, semi-stables, quasi-stables / JEAN BOURGEOIS-PICHAT. – Paris : Institut National d'Études Démographiques, Presses Universitaires de France, 1994. – 296 S. : zahlr. Tab., Abb., Lit. – (Travaux et Documents ; 133). – ISBN 2-7332-0133-3 : 170.– FF.

JEAN BOURGEOIS-PICHAT war auf dem Gebiet der französischen Demographieforschung eine bedeutende Person: 1962–1971 Direktor des INED (Nationales Forschungsinstitut zur Demographie) – einer in Frankreich hoch angesehenen Forschungseinrichtung auf dem Gebiet der Bevölkerungsprognosen, danach bis zu seinem Tod 1990 Präsident des CICRED (Internationales Koordinationskomitee demographischer Forschung). – Als Fachmann auf dem Gebiet der statistischen Bevölkerungsprognose zeigt BOURGEOIS-PICHAT die Möglichkeiten der Berechnung von stabilen, semistabilen und quasistabilen Bevölkerungen. Die Veröffentlichung ist auch das Ergebnis seiner langjährigen Lehrtätigkeit an verschiedenen Hochschulen im Fach Demographie. Damit ist sein Konzept didaktisch vielfach erprobt und oftmals verfeinert. – BOURGEOIS-PICHAT geht rein mathematisch vor und erklärt die Möglichkeiten der Bevölkerungsberechnungen anhand zahlreicher Formeln und Modelle. Dabei kommt es dem Autor nicht nur auf die Stimmigkeit der mathematischen und statistischen Berechnungen der Stabilität von Bevölkerungen an; vielmehr versucht er den Konnex zwischen seinen Berechnungsmodellen und den Modellen anderer Demographen (und Organisationen wie z. B. UNO und OECD) einerseits und die Beziehung zu realen Bevölkerungssitua-

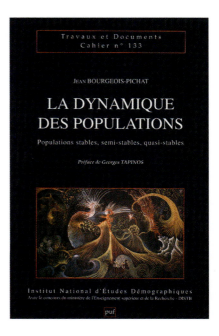

tionen andererseits herzustellen, um seine Berechnungen zu exemplifizieren. Hierzu finden sich – verständlicherweise – zahlreiche Formeln, aber auch umfangreiche Tabellen (z. B. zur Mortalität einer Bevölkerung) sowie Graphiken zur Veranschaulichung der stellenweise etwas hypothetischen und theoretischen Zusammenhänge. – Den eigentlichen Modellen der Bevölkerungsberechnungen stellt BOURGEOIS-PICHAT die wichtigsten Mortalitätstafeln sowie grundlegende mathematische und statistische Rechenwege voran, die allerdings nur von einschlägig vorgebildeten Lesern nachzuvollziehen sind. Überhaupt dürfte der Leserkreis dieser Publikation nicht allein aufgrund der sprachlichen Ausführung (ausschließlich französisch) in Deutschland sehr eingeschränkt sein, was jedoch keinerlei Rückschlüsse auf die durchaus hohe inhaltliche und didaktische Qualität des Buches erlauben sollte. – BOURGEOIS-PICHAT ist mit diesem Buch, das erst nach seinem Tod 1990 durch seine Mitarbeiter und Assistenten fertig gestellt wurde, ein Lehrbuch gelungen, das auf hohem Niveau die mathematisch-statistischen Grundzüge von Bevölkerungsmodellen vermittelt.

MARTIN NIEDERMEYER

Arbeitsmarktgeographie :

Erwerbstätigkeit und Arbeitslosigkeit im räumlichen Kontext / HEINZ FASSMANN & PETER MEUSBURGER. – Stuttgart : Teubner, 1997. – 272 S. : 58 Abb., 14 Tab., Lit., Reg. – (Teubner Studienbücher der Geographie). – ISBN 3-519-03437-9 : 44,– DM.

Mit dem Studienbuch „Arbeitsmarktgeographie" legen FASSMANN & MEUSBURGER ein Werk vor, mit dem sie die Absicht verbinden, eine Lücke in der theoretischen und empirischen Diskussion um regionale Arbeitsmarktfragen zu schließen und eine gesellschaftlich zentrale Frage in die Geographie zurückzubringen. Das Buch gliedert sich im Wesentlichen in 3 theoretische und 4 eher empirische Kapitel. Dabei gelingt es den Autoren ganz ausgezeichnet, die einschlägigen theoretischen Grundlagen im ersten und zweiten Kapitel komprimiert und leicht verständlich dem Leser zu vermitteln. Die Kernelemente des neoklassischen Arbeitsmarktmodells mit seinen entsprechenden Erweiterungen wie Humankapitaltheorie, Signaling-These, Job-Search-Theorien, Kontrakttheorien werden ebenso flüssig und anschaulich herausgearbeitet wie die Segmentationsmodelle, wobei sich die Autoren auf die Modelle von KERR, des Instituts für Sozialforschung München und von DOERINGER und PIORE beschränken. Die sich im 3. Kapitel anschließende Frage, welchen Stellenwert der „Raum" in den Arbeitsmarkttheorien hat und wie es zu räumlichen Differenzierungen des Arbeitsmarktes kommt, wird anhand von Gleichgewichts- und Ungleichgewichtsmodellen zwar sehr knapp, aber dennoch ausreichend diskutiert. Leider gelingt es FASSMANN & MEUSBURGER in den folgenden empirischen Kapiteln nicht immer, die logische und gut strukturierte Darstellungs- und Vorgehensweise der theoretischen Analyse durchzuhalten. Zwar ist das Vorgehen, zunächst im Kapitel 4 „Räumliche Befunde zum Beschäftigungssystem", wie z. B. die Erwerbsbeteiligung und unterschiedliche Qualifikationen der Erwerbsbevölkerung, zu erörtern und empirisch zu untermauern, um dann im Kapitel 5 Ungleichgewichte auf dem Arbeitsmarkt zu betrachten, sehr logisch und nachvollziehbar. Es kommt aber gelegentlich zu Wiederholungen und Überschneidungen, wenn z. B. in beiden Kapiteln bedeutende Fragen der Mobilität bzw. im Kapitel 6 nochmals Teilarbeitsmärkte, vor allem unter dem Gesichtspunkt „Ländlicher oder städtischer Arbeitsmarkt", erörtert werden. Das Kapitel 7, überschrieben mit dem Titel „Arbeitsmarktpolitik und Forschungsperspektiven", ist enttäuschend. Nur ganze 9 Seiten werden dieser wichtigen Frage gewidmet. Eigentlich hätte man sich dies sparen können, zumal zu Forschungsperspektiven kein einziges Wort geschrieben wird. Gerade vor dem Hintergrund sich rasant verändernder weltwirtschaftlicher Prozesse mit extremen Globalisierungstendenzen und sich via Internet revolutionierender Kommunikationsmöglichkeiten wären einige Ausblicke dringend geboten gewesen. – Leider hat das Studienbuch gelegentlich empirische Schwächen. Wesentliche Grundlagen liefern die Sonderauswertungen der ungarischen Volkszählung von 1980 und 1990 und des österreichischen Mikrozensus von 1977 (vor allem in den Kapiteln 4 und 5). Untersuchungsergebnisse aus dem anglo-amerikanischen Raum fehlen völlig, Daten der Bundesrepublik Deutschland werden, obwohl wesentlich mehr verfügbar, nur vereinzelt verwendet. In der Gesamtschau betrachtet, liefert das Buch, dessen Inhalt mit „Arbeitsmarktgeographie" sehr gut umschrieben ist, aber einen guten Überblick über die einschlägige Diskussion und es wird dem Anspruch gerecht, Dozenten und Studierenden den Umgang mit einer für das Fach Geographie manchmal entlegenen Materie zu erleichtern. Dazu trägt auch die beigefügte ausführliche Bibliographie bei. Für den arbeitsmarkt- und regionalpolitischen Praktiker hat es allerdings nur begrenz-

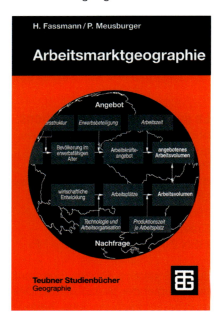

ten Nutzen, da die Umsetzung theoretischer Erkenntnisse in konkrete politische Handlungsempfehlungen zu kurz kommt bzw. vielfach fehlt. Wie bei vielen Lehrbüchern müssen Studierende doch etwas Geduld und Durchhaltevermögen mitbringen. Dies liegt wohl daran, dass bei der Bearbeitung des Buches didaktische Aspekte im Hintergrund gestanden haben, was schon allein aus den graphischen Darstellungen deutlich wird. Für denjenigen aber, der sich in knapper Form eine Fülle von Informationen und Wirkungszusammenhängen aneignen und vergegenwärtigen will und der sich auch von Satzungetümen wie „Die veränderte berufliche Stratifizierung ist mit einer wachsenden sozialen Segregation gekoppelt" nicht abschrecken lässt, ist das Studienbuch empfehlenswert.

MICHAEL PFLÜGNER

Ein Ansatz zur polygonbasierten Klassifikation von Luft- und Satellitenbildern mittels künstlicher neuronaler Netze

/ STEFFEN BOCK. – Kiel : Geographisches Institut der Universität Kiel, 1995. – XI, 152 S. : 4 Tab., 48 Abb., Lit. – (Kieler Geographische Schriften ; 91). – ISBN 3-923887-33-7 : 16,80 DM.

In diesem sicherlich nur einen kleineren Spezialistenkreis ansprechenden Werk stellt der Autor ein Klassifikationsverfahren vor, das es ermöglicht, aus Luft- und Satellitenbildern komplexe Strukturen der Landnutzung zu identifizieren. Auf den Punkt gebracht, zielt der Ansatz darauf ab, nicht nur die physikalischen Charakteristika der einzelnen Pixel zu berücksichtigen, sondern auch deren Umgebung. In die Klassenzuweisung gehen damit nicht nur spektrale, sondern auch umgebungsabhängige Merkmale ein. Dies soll gerade für Areale hoher räumlicher und spektraler Variabilität, wie sie beispielsweise in städtischen Teilgebieten anzutreffen sind, von besonderem Nutzen sein. – Es folgt eine eingehende Beschäftigung mit vergleichbaren „kontextbezogenen Verfahren". BOCK stellt dabei die häufig anzutreffenden (zu) kleinen Fenstergrößen heraus, mit denen die Umgebungsparameter berücksichtigt werden. Restriktionen ergeben sich bei diesen Ansätzen mit zunehmender Bildauflösung. Zu dem eigenen Ansatz führt der Autor aus: „Die hier präsentierte Methode basiert auf einer Modifikation des zur Beschreibung von Texturen erfolgreich angewandten Konzepts der Co-Occurrence-Matrix. Hierzu wird zunächst auf den Bilddaten – nach rein spektralen Gesichtspunkten – eine pixelbezogene unüberwachte ISODATA-Vorklassifikation durchgeführt. Sie erzeugt eine Karte der Landbedeckung, aus der sich Regionen, d. h. zusammenhängende Pixelgruppen mit identischer Klassenzugehörigkeit bestimmen lassen. Anschließend werden – anders als im Falle der Co-Occurrence-Matrizen – keine Häufigkeiten von Pixelgrauwertübergängen ausgezählt, sondern Längen von Grenzen berechnet, die benachbarte Regionen in einem bestimmten, vom Benutzer vorher festzulegenden Bildausschnitt oder Fenster gemeinsam haben. Diese Grenzlängen werden in Einheiten eines von der konkreten Bildauflösung unabhängigen Bezugssystems ermittelt und bilden Elemente einer polygonbasierten Co-Occurrence-Matrix ... Im Gegensatz zu verschiedenen Kartenkomplexitätsmaßen erfolgt die Beschreibung der Strukturmuster nicht durch eine einzige Maßzahl, sondern durch die konkrete Angabe der paarweisen geometrischen Interaktionen der thematischen Klassen. Reduzieren sich dagegen die einzelnen Polygone bzw. Regionen auf die Größe von Pixeln, geht die polygonbasierte Co-Occurrence-Matrix in eine herkömmliche Co-Occurrence-Matrix über. Diese Anpassungsfähigkeit kennzeichnet die herausragende Eigenschaft des vorgestellten Ansatzes." – Verifiziert wird dieser Ansatz an Fallbeispielen aus dem Raum Santos, Brasilien. Einen Praxisbezug sieht der Autor in der Überwachung illegaler Bautätigkeit oder der Detektierung von Veränderungen im agraren Landnutzungsgefüge. – Wie eingangs erwähnt, wird diese Arbeit einen klar abgegrenzten Spezialistenkreis im Bereich der digitalen Bildverarbeitung und Bildinterpretation sowie Geoinformatik ansprechen. Die Lektüre setzt einige vertiefte Kenntnisse aus diesem Bereich voraus. Sie ist ohne Zweifel eine Bereicherung der spezielleren Klassifikationsverfahren mit den genannten Stärken und Schwächen. Da die ansprechend illustrierte Arbeit äußerst kostengünstig ist, bleibt auf eine entsprechende Verbreitung zu hoffen.

RÜDIGER GLASER

Anzeige

Natürliche und räumliche Bevölkerungsbewegungen in Indien – der Einfluss soziokultureller Traditionen

Paul Gans
Vijendra K. Tyagi[1]

12 Figuren im Text

Natural and spatial population movements in India: the influence of socio-cultural traditions
Abstract: The Population Reference Bureau in Washington, D.C., estimated India's population to be at 997 million inhabitants in 1999, almost 140 million more than 1991. India will be the second state with more than a billion inhabitants by the year 2000. This growth average at the national level masks striking regional diversity in population development. In the mid 1990s the increase of 24.5 per 1,000 in the major northern states such as Uttar Pradesh contrasts with a growth rate of only 11.5 per 1,000 in Kerala in the south. This spatially marked contrast in population growth basically results from a pronounced difference in the onset and course of the decline of the total fertility rate between South and North India. Deeply rooted socio-cultural traditions in the north do not only determine the high level of fertility before transition and the retarded fertility decrease in comparison to the south, but also the national migration system characterized by a high percentage of intra-rural marriage migration of females. The analysis of census results of 1991 was complemented by a questionnaire survey among married women in four villages near Delhi in 1996/1997. The survey looks into the interdependent relations between socio-cultural traditions, social status of females, fertility, and attitudes towards family planning.
Keywords: India, population development, regional diversity, decline of the total fertility rate, socio-cultural traditions, migration, social status, family planning

Zusammenfassung: Das Population Reference Bureau in Washington, D.C., schätzt für 1999 die Einwohnerzahl Indiens auf 987 Mio., fast 140 Mio. mehr als beim Zensus von 1991. Indien wird im Jahre 2000 der zweite Staat mit mehr als einer Milliarde Menschen sein. Diese durchschnittliche Zunahme verdeckt markante regionale Unterschiede in der Bevölkerungsentwicklung. Mitte der 90er Jahre übertraf das Wachstum mit 24,5 ‰ in großen Bundesstaaten des Nordens wie Uttar Pradesh deutlich den Wert von Kerala mit 11,5 ‰ im Süden. Der markante Gegensatz zwischen Nord- und Südindien resultiert aus dem abweichenden Beginn und Ablauf der Fertilitätstransformation in den jeweiligen Großräumen. Tief verwurzelte soziokulturelle Traditionen im Norden bestimmen nicht nur das hohe Niveau der Geburtenhäufigkeit vor der Transformation und den verzögerten Rückgang der Fruchtbarkeit, sondern beeinflussen auch entscheidend das nationale Migrationssystem, an dem Frauen aus Heiratsgründen in hohem Maße beteiligt sind. Die Untersuchung basiert sowohl auf den Zensusergebnissen als auch auf eigenen Erhebungen, bei denen Frauen in vier Dörfern nahe Delhi 1996/1997 befragt wurden. Das Fallbeispiel analysiert insbesondere die wechselseitigen Beziehungen zwischen soziokulturellen Traditionen, sozialem Status der Frau, Geburtenhäufigkeit und Einstellungen gegenüber der Familienplanung.
Schlüsselwörter: Indien, Bevölkerungsentwicklung, regionale Unterschiede, Fertilitätstransformation, soziokulturelle Traditionen, Migration, sozialer Status, Familienplanung

1. Einführung

Das Population Reference Bureau in Washington, D.C., schätzt die Einwohnerzahl Indiens für 1999 auf 987 Mio., fast 140 Mio. mehr als beim Zensus von 1991. Zum jetzigen Zeitpunkt, Anfang 2000, ist Indien nach China somit das zweite Land mit mehr als einer Milliarde Menschen. Ein Blick auf Figur 1 genügt, um, ausgehend vom Modell des demographischen Übergangs, ableiten zu können, dass ein nachholendes Absinken der Geburtenziffer im Vergleich zur Sterberate in Indien nach wie vor aussteht. Nach Angaben des Population Reference Bureau liegt 1998 die Totale Fertilitätsrate mit 3,4 Kindern pro Frau knapp über dem Niveau aller Entwicklungsländer mit einem Wert von 3,3. Die Geburtenhäufigkeit in Indien übertrifft deutlich die entsprechenden Angaben für Südostasien mit 2,9 Kindern je Frau oder Lateinamerika mit 2,8, schneidet aber günstiger ab als Südasien insgesamt (3,6) oder Afrika südlich der Sahara mit 6,0.

Angesichts der ungebrochenen Bevölkerungsdynamik ist erstaunlich, dass Indien der erste Staat war, der 1952 einen Fünfjahresplan mit Vorschlägen zur Fami-

---
[1] Die Autoren danken der Deutschen Forschungsgemeinschaft für die Unterstützung des gemeinsamen Projektes „Regionale Unterschiede in der Fertilitäts- und Mortalitätstransformation in Indien".

Bevölkerungsentwicklung

lienplanung und Geburtenkontrolle implementierte. Nach Überzeugung der damals Verantwortlichen, die in hohem Maße vom Gedankengut MALTHUS' beeinflusst waren (CALDWELL 1998), stand das damalige natürliche Wachstum von weniger als 15‰ in den 40er Jahren dem vornehmlichen Ziel einer allgemeinen Verbesserung der Lebensbedingungen entgegen. „The main appeal for family planning is based on considerations of the health and welfare of the family. Family limitation or spacing of the children is necessary and desirable in order to secure better health for the mother and better care and upbringing of children" (Archives 1997, S. 401). Diese Orientierung von Familienplanung enthält durchaus wesentliche Elemente zu aktuellen Überlegungen des Konzepts der reproduktiven Gesundheit, das seit der Weltkonferenz von Kairo im Jahre 1994 eine Leitvorstellung der Bevölkerungspolitik zur Begrenzung des Weltbevölkerungswachstums geworden ist.

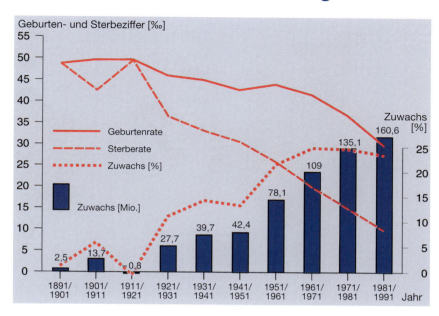

Fig. 1 Entwicklung von Geburten- und Sterberate sowie des relativen und absoluten Bevölkerungswachstums in Indien (1901–1991; PREMI 1991, BOSE 1991, SAKSENA 1989)
Change of crude birth and crude death rate, relative and absolute increase of population in India, 1901–1991

Alle Fünfjahrespläne benannten seit den 50er Jahren Ziele, die Bevölkerungszunahme zu begrenzen (RAINA 1989). Ab Ende der 60er Jahre gab man konkrete Zahlen vor, wie z.B. im vierten Plan (1969–1974) das Absenken der Geburtenrate auf 25‰ bis etwa 1980. Im Jahre 1995 lag die vorläufige Ziffer mit 28,3‰ aber immer noch deutlich darüber, da die für eine erfolgreiche Familienplanung erforderlichen Maßnahmen, wie z.B. eine schulische Grundbildung für alle Frauen, die Durchsetzung des gesetzlich festgelegten Heiratsmindestalters von 18 Jahren, eine effiziente Gesundheitsberatung oder ausreichende Versorgung mit Kontrazeptiva, nicht mit der notwendigen Intensität betrieben wurden. Die Vorgabe von Quoten berücksichtigte die gesellschaftlichen Hintergründe, wenn überhaupt, offenbar zu wenig. Schon der Bericht zum Zensus 1931 sah aber diesen sozialen Kontext als entscheidendes Hindernis zur Einschränkung des Bevölkerungswachstums an: „ ... that the only practical method of limiting the population is by the introduction of artificial methods of birth control, though it is not easy to exaggerate the difficulties of introducing such methods in a country where the vast majority of the population regard the propagation of male offspring as a religious duty and reproach of barrenness as a terrible punishment for crimes committed in a former incarnation ..." (zit. nach CALDWELL 1998, S. 686).

Die indische Regierung konzentrierte sich jedoch auf die Vorgabe starrer Sterilisationsquoten in Verbindung mit monetären Belohnungssystemen (BRONGER 1996, S. 90 ff.), vernachlässigte soziokulturelle Traditionen und scheiterte. Die bekannten Auswüchse Mitte der 70er Jahre brachten nicht nur die Familienplanung in eine Krise (PREMI 1992), sondern zogen auch den Sturz der Regierung nach sich. Die anschließende Änderung der Bezeichnung in Family Welfare Programme änderte wenig an der Umsetzung bevölkerungspolitischer Ziele. Erst in den 90er Jahren verstärkte sich im Zusammenhang mit dem Kongress von Kairo 1994 ein Umdenken hin zu einer dezentralen, nachfrageorientierten Vorgehensweise bei angestrebten, auf der Dorfebene verbesserten Dienstleistungsangeboten (Client Centered Demand Driven Quality Services Programme) und gleichzeitiger Aufgabe des Quotensystems (Government of India 1996, SWAMINATHAN 1996).

Diese Darstellung übertreibt sicherlich bei der Beurteilung der Bevölkerungspolitik in Indien, gibt es doch in einzelnen Bundesstaaten durchaus Erfolge zu verzeichnen (GANS & TYAGI 1999). Kerala im Süden weist eine erheblich günstigere Entwicklung der Totalen Fertilitätsrate als Indien auf, während die Veränderungen in Uttar Pradesh im Norden deutlich schwächer ausfielen. Die Zahl der Geburten je Frau in ihrer gebärfähigen Phase sank in Kerala von 1972 bei einem geringen Ausgangsniveau (4,1) absolut und relativ überdurchschnittlich um 2,4 oder 58,5 % auf 1,7 im Jahre 1993 und liegt seit diesem Zeitpunkt unter dem Bestandserhaltungsniveau. In Uttar Pradesh dagegen verringerte sich die Geburtenhäufigkeit bei einem hohen Wert von 6,6 im Jahre 1972 nur leicht um 1,4 oder 21,2 % auf 5,2 Anfang der 90er Jahre.

Die folgenden Ausführungen gehen von der regionalen Bevölkerungsentwicklung zwischen den Zensusjahren 1961 und 1991 aus und versuchen, soziokulturelle Traditionen und ihre Auswirkungen auf die räum-

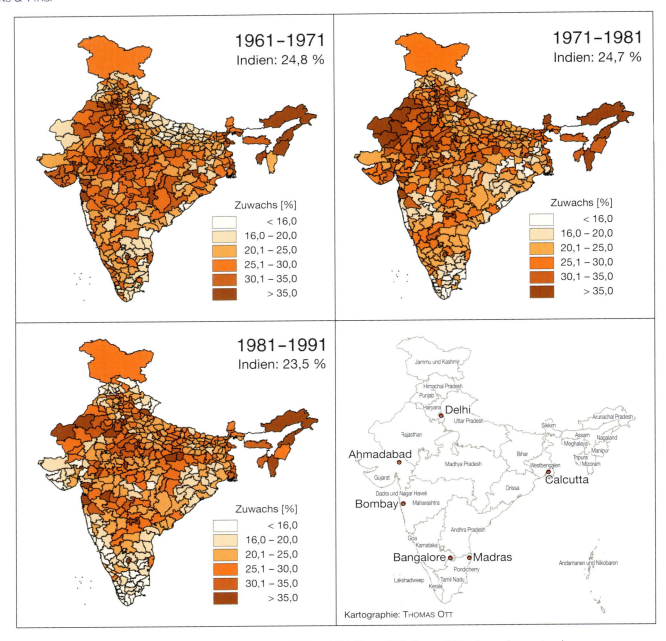

Fig. 2 Bevölkerungswachstum Indiens auf Distriktebene (1961–1991; BOSE 1991, PREMI 1991, eigene Auswertung)
Population increase in India at the district level, 1961–1991

lichen und die natürlichen Bevölkerungsbewegungen zu beleuchten. Als Datengrundlagen dienen die jeweiligen Zensusergebnisse sowie eigene Erhebungen zu den Themenfeldern Geburtenhäufigkeit und Familienplanung in ausgewählten Dörfern Nordindiens.

2. Regionale Differenzierung der Bevölkerungsentwicklung und -struktur

Figur 2 gibt einen Überblick über die regionalen Unterschiede des Bevölkerungswachstums zwischen den jeweiligen Zensusjahren seit 1961. Die Werte beziehen sich jeweils auf die Distrikte in ihrer Abgrenzung von 1991. Eine vergleichende Betrachtung lässt zwischen Süd- und Nordindien unterschiedliche Trends erkennen. In der Gangesebene mit den Bundesstaaten Uttar Pradesh und Bihar sowie in Rajasthan und Madhya Pradesh beschleunigt sich die Bevölkerungszunahme in den 70er Jahren. In Uttar Pradesh öffnet sich erst in dieser Dekade die Bevölkerungsschere mit rückläufiger Sterberate bei gleichzeitig steigender Geburtenziffer. Im Süden dagegen, vor allem in Kerala und Tamil Nadu, ist eine dazu vorauseilende Entwicklung zu beobachten, so dass sich aufgrund rasch sinkender Geburtenhäufigkeiten ein markanter Rückgang der Zuwachsraten auf unter 15 % in den 80er Jahren durchsetzt. Dieser Trend ist auch weiter nördlich entlang der Küste zu registrieren: Die Zone mit unterdurchschnittlichen Zunahmen dehnt sich im Westen bis Gujarat, im Osten

Bevölkerungsbewegungen in Indien – der Einfluss soziokultureller Traditionen

bis Westbengalen aus. Ein zweites, kleineres Gebiet befindet sich im Himalaja und in den Ebenen des Punjab. Dagegen erhöht sich von 1981 bis 1991 die Einwohnerzahl um mindestens 25 % in zahlreichen Distrikten von Bihar, Madhya Pradesh, Rajasthan und Uttar Pradesh, weil in diesem Zeitraum die Sterberate immer noch stärker als die Geburtenziffer abfällt.

Der beschriebene großräumige Gegensatz in der Bevölkerungsentwicklung zwischen Süd- und Nordindien, der sich im Laufe der 70er und 80er Jahre herausbildet, beruht auf den Unterschieden bei Beginn und Ablauf des demographischen Transformationsprozesses. Die Altersstruktur der Einwohner im ländlichen Raum von Uttar Pradesh dokumentiert die nach wie vor höhere Geburtenhäufigkeit bei niedrigerer Lebenserwartung im Vergleich zu Kerala (Fig. 4). In Uttar Pradesh erhöhen sich die Anteile der unter 20-Jährigen sprunghaft, und erst die jüngste Altersgruppe zeigt einen leichten Rückgang an, der auf sinkende Geburtenraten seit Mitte der 80er Jahre schließen lässt. Dieser Trend setzt in Kerala bereits bei der Altersgruppe der 20- bis unter 25-Jährigen ein. Zudem verweist die stärkere Verjüngung der Alterspyramide für die Bewohner in Uttar Pradesh auf eine niedrigere Lebenserwartung als in Kerala. Der ausgeprägte Männerüberschuss in Uttar Pradesh, insbesondere auch in den jüngsten Jahrgängen aufgrund der Übersterblichkeit von Mädchen, macht zugleich auf Unterschiede im sozialen Status der Frauen zwischen Nord- und Südindien aufmerksam.

Die großräumigen Gegensätze der Bevölkerungsentwicklung werden von siedlungsstrukturellen Einflüssen überformt. Figur 2 lenkt die Aufmerksamkeit auch auf die Bevölkerungsdynamik der großen Zentren des Landes. Die Metropolen mit mehr als 3 Mio. Einwohnern 1991, Greater Bombay, Calcutta, Delhi, Madras, Hyderabad, Bangalore und Ahmadabad, verzeichnen vor allem in den 60er Jahren mit Werten von über 35 % ein überdurchschnittliches Wachstum, das allerdings nach 1981 teilweise erheblich nachlässt. Die städtische Expansion greift auf die benachbarten Distrikte über, wie man am Beispiel von Bombay oder Delhi nachvollziehen kann. In Greater Bombay steigt die Einwohnerzahl von 1981 bis 1991 um 20,2 %, im benachbarten Thane, das noch zur Agglomeration zählt, jedoch um 55,9 %. Hieraus jedoch den Schluss zu ziehen, in Indien wäre eine rasch ablaufende Urbanisie-

Fig. 3 Geschäftsstraße in einem Marktort nördlich von Delhi (Foto: GANS 1997)
Business street in a market town north of Delhi (Photo: GANS 1997)

Fig. 4 Altersstruktur der Bevölkerung in ausgewählten ländlichen und städtischen Räumen 1991 (Zensus 1991, eigene Auswertung)
Age structure of the population in selected rural and urban regions in 1991

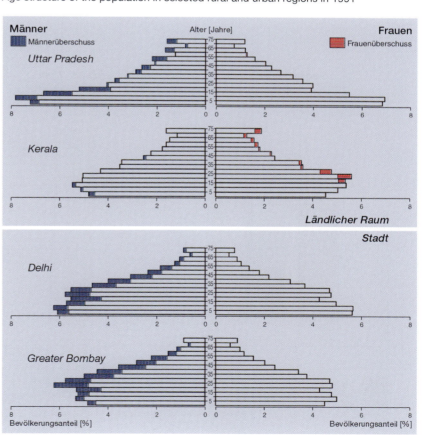

© 2000 Justus Perthes Verlag Gotha GmbH

75

rung zu beobachten, ist zu voreilig (Fig. 3). Im Gegenteil – Indien ist nach wie vor ländlich geprägt. 1991 leben 25,7 % der Bevölkerung in Städten, was einer Erhöhung des Verstädterungsgrades um knapp 6 % seit 1961 entspricht. Verschiedene Gründe spielen für diesen schleppenden Prozess eine Rolle. Fast die Hälfte der Fläche Indiens kann landwirtschaftlich genutzt werden, so dass bei der Erwerbsstruktur der primäre Sektor mit gut zwei Dritteln dominiert (BRONGER 1996, S. 102). Zudem sind Fahrtkosten für Massentransportmittel billig (VISARIA & VISARIA 1995, S. 26), Pendeln in die Stadt ist eine Alternative zur Land-Stadt-Wanderung, insbesondere wenn Wohnungsknappheit und hohes Mietniveau in den Städten berücksichtigt werden.

Der geringe Verstädterungsgrad von etwa 26 % verdeckt allerdings die absolute Größenordnung. 1991 wohnen 215,3 Mio. Inder in Städten, und sie konzentrieren sich zunehmend auf die Metropolen, deren Anteil an der städtischen Bevölkerung sich bis 1991 auf fast ein Drittel erhöht. Entscheidende Komponente für dieses Wachstum sind die Geburtenüberschüsse, die sich aus der jungen Altersstruktur als Folge der Selektivität der Land-Stadt-Migration sowie aus der geringeren Sterblichkeit in den Städten im Vergleich zum ländlichen Raum ergeben. In Delhi dokumentieren der Männerüberschuss sowie die hohen Anteile der unter 30-Jährigen diese Situation (Fig. 4). Für Greater Bombay fällt das Übergewicht der männlichen Personen von 20 bis unter 25 Jahren auf, das zum einen auf die wirtschaftliche Vorrangstellung Bombays (BRONGER 1996), zum andern auch auf die ökonomischen Beweggründe der zugrunde liegenden Land-Stadt-Wanderungen verweist.

Die Hintergründe für den geringen Verstädterungsgrad sind vorrangig in einigen Besonderheiten des Wanderungsverhaltens der indischen Bevölkerung zu suchen, die letztendlich aus soziokulturellen Traditionen resultieren:

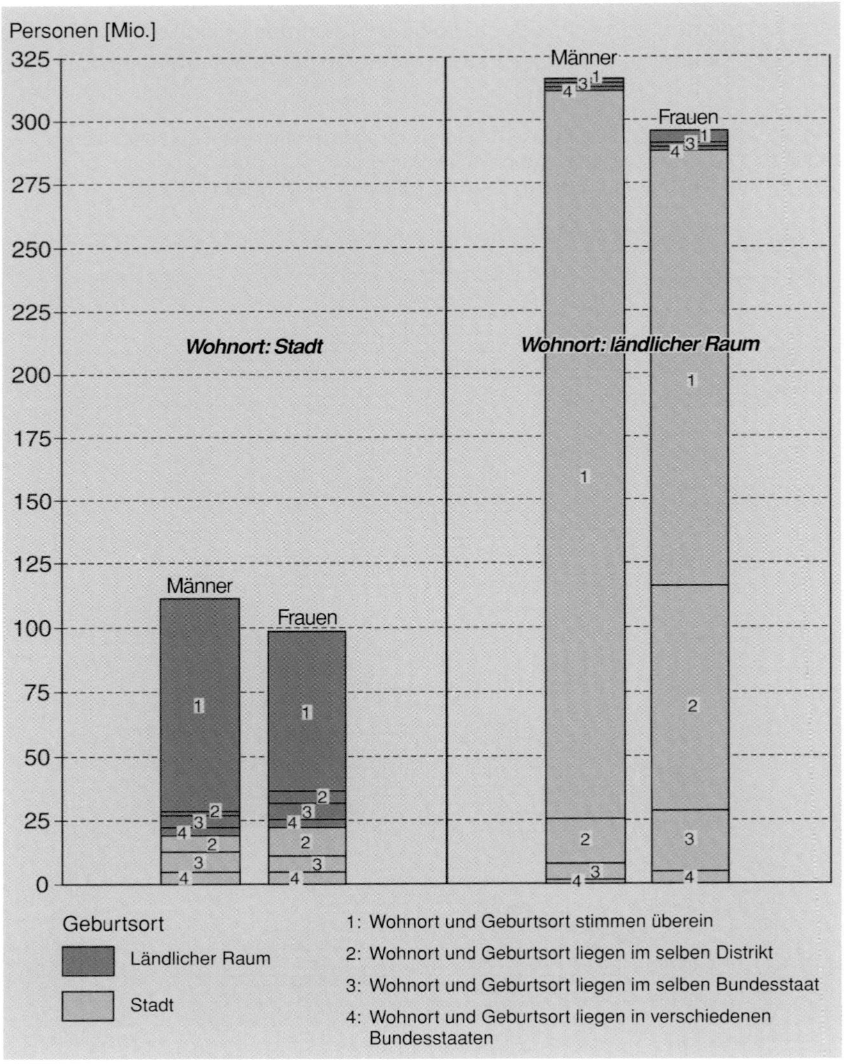

1. Insgesamt sind die Einwohner immobil. 1991 stimmten bei fast 73 % der Einwohner Geburtsort und Wohnort überein. Dieser Anteil schwankte erheblich zwischen Staaten ohne große Metropole, wie in Uttar Pradesh mit 78,8 % auf der einen, Maharashtra und Greater Bombay mit 68,3 % auf der anderen Seite.

2. Frauen wohnen häufiger als Männer nicht mehr an ihrem Geburtsort, und zwar unabhängig davon, ob sie 1991 in Städten oder im ländlichen Raum leben (Fig. 5). Bei 73,7 % der Männer, deren Wohnort zu diesem Zeitpunkt Städte sind, ist diese zugleich Geburtsstadt, 9,5 % sind in einer anderen Stadt und 16,9 % in einem Dorf geboren. Bei den Frauen erreichen die entsprechenden Werte 63,8 %, 14,2 % und 22 %, d. h., 36,2 % haben zumindest ihren Geburtsort verlassen, Männer nur in 26,4 % der Fälle. Diese geschlechtsspezifischen Unterschiede sind bei einem Wohnort im ländlichen Raum 1991 noch markanter (Fig. 5). Bei den weiblichen Personen leben 57,9 % zum Zeitpunkt des Zensus noch in ihrem Geburtsort, bei den Männern sind es 90,5 %.

3. Bei den Binnenwanderungen spielen Städte als Ziel- oder Herkunftsgebiet eine sehr untergeordnete Rolle (Fig. 5, 6). Von 225 Mio.

Fig. 5 Bevölkerung nach Geburts- und Wohnort, ländlichen und städtischen Gebieten sowie Geschlecht 1991 (Zensus 1991, eigene Auswertung)
Population classified by place of birth, residential location, rural and urban areas and sex in 1991

Geburtsort
- Ländlicher Raum
- Stadt

1: Wohnort und Geburtsort stimmen überein
2: Wohnort und Geburtsort liegen im selben Distrikt
3: Wohnort und Geburtsort liegen im selben Bundesstaat
4: Wohnort und Geburtsort liegen in verschiedenen Bundesstaaten

Personen, die als Migranten klassifiziert sind, leben 1991 etwa 70 % in Dörfern, und 92 % von ihnen stammen aus einer anderen ländlichen Siedlung, also knapp zwei Drittel aller registrierten Migrationen fanden innerhalb des ländlichen Raumes statt. 80 % dieser Wanderungsbewegungen entfallen auf Frauen.

4. Die Motive verdeutlichen erhebliche geschlechtsspezifische Unterschiede (Fig. 6). Bei Männern haben ökonomische Beweggründe mit insgesamt 28 % eine gewisse Bedeutung, während bei drei Vierteln der Frauen ihre Heirat den Ausschlag gibt.

Zusammenfassend ist festzuhalten, dass das Heiratsverhalten in hohem Maße das Migrationssystem in Indien prägt (DYSON & MOORE 1983) und dass die damit zusammenhängenden soziokulturellen Traditionen, wie sie sich unter anderem in der unausgewogenen Geschlechtsgliederung vor allem im ländlichen Raum von Uttar Pradesh ausdrücken (Fig. 4), entscheidend die Entwicklung der Geburtenhäufigkeit beeinflussen.

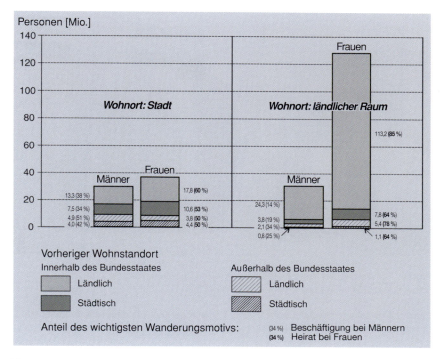

Fig. 6 Migranten, differenziert nach vorherigem und jetzigem Wohnstandort, Geschlecht und wichtigstem Wanderungsmotiv 1991 (Zensus 1991, eigene Auswertung)
Migrants classified by last and actual residence, sex and most important reason of migration in 1991

3. Geburtenhäufigkeit und soziokulturelle Traditionen

Die Heirat hat in Indien eine zentrale, allumfassende Bedeutung im gesellschaftlichen Leben, so dass Eltern die Verheiratung ihrer Kinder als eine ihrer wichtigsten Aufgaben ansehen. Weit verbreitet ist eine frühe Heirat, denn nach dem Glauben der Hindus sollten Mädchen vor Erreichen der Pubertät verheiratet sein. Dieses Verhalten begründet ein niedriges Heiratsalter, aber nicht dessen ausgesprochene regionale Differenzierung. Exogamie und relativ große Heiratsdistanzen kennzeichnen Nordindien (LIBBEE & SOPHER 1975). Die Frau zieht nach der Heirat in die Familie des Mannes. Dort wird sie zunächst als Fremde in ihrem Verhalten kontrolliert mit Konsequenzen wie dem Untersagen von Kontakten zu Personen außerhalb der Familie (Fig. 7, 8), aber auch zu deren männlichen Angehörigen (BASU 1992). Äußeres Zeichen dieser Absonderung der Frauen ist das Tragen des *purdah*, das vor allem im Norden Indiens weit verbreitet ist (GOSAL 1991). Diese Einengung des Aktionsfeldes erschwert Frauen, Einkommen außerhalb des häuslichen Bereiches zu erzielen, so dass sie von ihren Eltern als „Kostgängerinnen" betrachtet werden und Mitgiftzahlungen der Brauteltern in Nordindien üblich sind. Frühes Heiraten kann eine Strategie sein, diese Zahlungen zwar nicht zu umgehen, aber doch zu verringern (MAHADEWAN & JAYASREE

Fig. 7 Verschleierte muslimische Frau in Charthawal (Foto: GANS 1997)
Veiled muslim woman in Charthawal (Photo: GANS 1997)

Fig. 8 Familie des Gemeindevorstehers von Badhai Kalan. Man beachte, dass die Schwiegertochter – wie auch während der gesamten Besuchszeit – nicht zu sehen ist (Foto: GANS 1997).
Family of the village head of Badhai Kalan. Please note that the daughter-in-law does not show – as was the case during the whole time of the visit (Photo: GANS 1997).

giert. Damit kommt die Braut früh aus der elterlichen Familie in die der Schwiegereltern und hat somit kaum Zeit, Selbstbewusstsein und Durchsetzungsfähigkeit eigener Vorstellungen aufzubauen (CALDWELL et al. 1982). In diesem sozialen Kontext gibt die schulische Ausbildung der Frau Rückhalt, sie stärkt ihren sozialen Status und damit ihre Autonomie auch bei der Entscheidung über die Kinderzahl.

Vor allem Schulbesuch und Ausbildung der Frauen stellen einen immer wieder genannten Faktor dar, der eine Verringerung der Fertilität, eine gewisse Aufgeschlossenheit gegenüber Familienplanung und damit einen nachhaltigen Rückgang des natürlichen Bevölkerungswachstums bewirkt. So misst CALDWELL (1982) in seiner „wealth-flow-theory" der Schulbildung breiter Massen eine hohe Erklärungskraft zur Veränderung des generativen Verhaltens bei, da z. B. Kinder, welche die Schule besuchen, zwar eine Investition

1989). Ein niedriges Heiratsalter ist ein relativ sicheres Anzeichen für traditionelle Verhaltensweisen. Die Heirat ist fremdbestimmt, von den Eltern der Eheleute arran-

Fig. 9 Die ausgewählten Dörfer nach Lage, Bevölkerungsstruktur, sozialem Status der Frauen sowie Infrastrukturausstattung (eigene Erhebungen)
The selected villages with respect to location, population structure, social status of females and infrastructure

Merkmal	Panipat (Haryana)		Muzaffarnagar (Uttar Pradesh)	
	Patti Kalyan	Hathwala	Badhai Kalan	Charthawal
Distanz zur Distrikthauptstadt [km]	3	30	17	17
Kastenzugehörigkeit der Haushalte				
higher caste	185	535	35	720
backward caste	540	55	489	460
scheduled caste	100	100	40	150
lower caste	70	70	0	75
moslemisch	0	50	20	725
insgesamt etwa	1100	900	600	2400
Sozialer Status der Frau				
Arbeiten außerhalb des häuslichen Bereiches	üblich	nicht üblich	nicht üblich	üblich
– mit Schulbildung	Dienstleistungen	Unterricht geben	nein	Dienstleistungen
Heiratsalter [Jahre]				
– mit Schulbildung	18	18	21	19
– higher caste	18	18	20	18
– lower caste	14–16	16	16	16
– moslemisch	–	16	14	15
Wunsch eines Sohnes	stark	stark	stark	stark
Infrastruktur				
Schulen				
– primary (bis 5 Jahre)	2	1	3	5
– secondary (bis 10 Jahre)	0	1	0	1
– higher secondary (bis 12. Jahr)	2	1	0	1
Einrichtungen des Gesundheitswesens				
– Anzahl der Ärzte	8	8	6	15
– Anzahl der medizinischen Stationen	1	1	1 (funktioniert nicht)	1 (Krankenhaus)

für die Zukunft sind, aber auch Kosten (Gebühren, Uniform) verursachen und schon aufgrund der zeitlichen Bindung an die Schule nicht oder sehr wenig zum Familieneinkommen beitragen. Darüber hinaus ändert die formale Erziehung Relationen und Abhängigkeiten zwischen den Familienmitgliedern. Bildung stellt traditionelle Einstellungen sowie Verhaltensweisen in Frage. Die schulische Erziehung löst „...an initial psychological impetus: a sense of individuality with a desire of greater independence" aus (CALDWELL 1982, S. 322). Besser ausgebildete Frauen sind eher befähigt, innovative Verhaltensweisen anzunehmen sowie eigene Vorstellungen durchzusetzen, und sie heiraten später als Frauen ohne schulische Bildung, die einen eher eingeschränkten Aktionsraum haben und nur über wenige Interaktionsmöglichkeiten mit dem außerhäuslichen Bereich verfügen (DRÈZE & GAZDAR 1997, S. 56).

Die beschriebenen Traditionen des Heiratsverhaltens haben zur Folge, dass Eltern Söhne bevorzugen (ARNOLD et al. 1998). Ein hoher Männerüberschuss drückt diese Präferenz aus, die zum einen gegen ein nachhaltiges Absinken der Fertilität wirkt, zum andern in eine Übersterblichkeit von Mädchen mündet (Fig. 4). In diesem Zusammenhang ist wiederum das Heiratsverhalten zu berücksichtigen (DYSON & MOORE 1983, KISHOR 1993). Vor allem in Nordindien, wo die Mädchen nach der Heirat den elterlichen Haushalt verlassen, fehlen sie schon in einem frühen Lebensalter als Arbeitskraft. Neben Mitgiftzahlungen trägt vor allem die Exogamie zur Diskriminierung von Mädchen und Frauen bei. Die jungvermählte Braut kann ihre Position innerhalb der schwiegerelterlichen Familie nur über die Geburt von Kindern, im Wesentlichen von Söhnen, stärken (DYSON & MOORE 1983, S. 48), und die dahinter stehende Einstellung spricht gegen eine aktive Anwendung von Familienplanung. Hierzu sind nach JONES (1990) oder CLELAND & WILSON (1987) soziale Veränderungen notwendig, insbesondere ein funktionierendes Bildungs- und Gesundheitswesen, der Zugang der Haushalte zu Radio oder Fernsehen sowie die Nähe zu städtischen Gebieten. Diese sozialen Indikatoren begünstigen ein generatives Verhalten zugunsten geringerer Geburtenzahlen, das nach COALE (1973 zit. nach VAN DE KAA 1996, S. 429) im Wesentlichen von drei Bedingungen abhängig ist:

1. Eltern sind sich über Möglichkeiten der Familienplanung bewusst.
2. Hierzu notwendige Techniken sind bekannt und notwendige Mittel verfügbar.
3. Eltern bewerten eine geringe Zahl von Kindern positiv.

Im Folgenden wird dem Zusammenhang zwischen sozialem Status der Frau als Ausdruck soziokultureller Traditionen und der Aufgeschlossenheit gegenüber der Familienplanung nachgegangen.

4. Datengrundlage

Das Fallbeispiel basiert auf einer standardisierten Befragung von 1000 Haushalten, die in vier Dörfern, zwei im Distrikt Panipat (Bundesstaat Haryana), zwei im Distrikt Muzaffarnagar (Bundesstaat Uttar Pradesh), wohnen (Fig. 9). Die Interviews erfolgten um die Jah-

Fig. 10 Soziokulturelle Traditionen und Aufgeschlossenheit der Familien gegenüber der Ausbildung von Mädchen bzw. Frauen (15- bis unter 45-jährige befragte Frauen; eigene Erhebungen)
Sociocultural traditions and attitudes of families towards education of girls or women (15 to 45 year old interviewed women)

Indikatoren zu traditionellen Einstellungen	Anteil [%] der Frauen bzw. Mädchen mit Schulbildung bzw. Schulbesuch, bezogen auf alle weiblichen Familienmitglieder							
	Hindu				Muslime			
	0–25,0	25,1–50,0	50,1–100	n	0–25,0	25,1–50,0	50,1–100	n
Heiratsalter der Frauen in Jahren								
< 15	41,6	29,8	28,6	84	73,5	18,4	8,1	49
15–20	31,4	33,6	35,0	455	79,6	11,7	8,7	103
> 20	17,4	43,8	38,8	160	63,6	18,2	18,2	11
Arrangierte Heirat[1]	83,0	74,6	63,4	510	81,6	95,7	60,0	133
Verringerte Bewegungsfreiheit[1]								
Tragen des *purdah*	97,1	88,3	81,2	616	99,2	95,7	100,0	159
Beschränkung auf häuslichen Bereich	47,1	33,9	28,2	250	74,4	52,2	46,7	112
Wunsch, einen Sohn zu haben[1]	93,7	83,8	77,9	590	96,0	87,0	66,7	150
Zusätzliche Geburten, diesen Wunsch (Sohn) zu erfüllen?[1]	57,1	48,3	44,1	314	57,0	57,1	75,0	83
Korrekte Anzahl von Kindern[2]	70,9	79,8	83,3	547	15,8	13,0	26,7	26
n	206	248	245	699	125	23	15	163

[1] Ja-Antworten [%], bezogen auf die gesamte Anzahl der Frauen in der jeweiligen Spalte (Anteil [%] der Frauen bzw. Mädchen mit Schulbildung bzw. Schulbesuch).
[2] Anteil [%] der Angabe von weniger als 3 Kindern, bezogen auf alle Befragten.

reswende 1996/1997 und wurden von Studentinnen der Universität Delhi durchgeführt. In Figur 9 sind einige wesentliche Merkmale zur Charakterisierung der Dörfer zusammengestellt. Die Informationen zu den Dörfern stammen von älteren Mitgliedern des Gemeinderats *(panchayat)*, deren Angaben in der Gruppe der Befragten diskutiert wurden, um subjektive Positionen weitgehend zu minimieren bzw. auszuschließen. Die Übersicht belegt die überwiegend traditionellen Einstellungen der Familien, welche aber in Abhängigkeit von der Größe der Dörfer und ihrer Lage zur Distrikthauptstadt offenbar zunehmend aufgebrochen werden. Weiterhin erkennt man deutlich den Einfluss von Kasten- und Religionszugehörigkeit.

Die Befragung der Haushalte gliederte sich in zwei Abschnitte. Der erste bezog sich auf den Haushalt insgesamt, auf seine Größe, Alters- und Geschlechtszusammensetzung, Schulbildung der Mitglieder und auf allgemeine Einstellungen, welche die soziale Position der Frau betrafen. Befragt wurde das älteste männliche Familienmitglied. Der zweite Teil befasste sich mit einem Ehepaar des Haushalts, in der Regel mit dem jüngsten. Hier standen Variablen im Vordergrund, welche das generative Verhalten beeinflussen, wie die Mortalität von Kindern, Einstellungen zur Familienplanung sowie individuelle Wünsche und Aktivitäten der Frauen. Hierbei wurde grundsätzlich versucht, die Frauen selbst zu interviewen.

Die Auswahl der Haushalte orientierte sich an einer 20%igen systematischen Stichprobe, deren Realisierung aufgrund der Nachbarschaften in den Dörfern entsprechend der Kastengliederung wesentlich erleichtert wurde. Vorankündigungen der Befragung durch die lokalen Eliten begünstigten in hohem Maße die Antwortbereitschaft der Befragten. Lediglich bei moslemischen Haushalten traten in umfangreicherem Maße Antwortverweigerungen auf.

5. Geburtenhäufigkeit, Familienplanung und soziokulturelle Tradition

Die internationale Konferenz über Bevölkerung und Entwicklung in Kairo 1994 hat zumindest eine Botschaft weltweit verbreitet, die soziale Position von Frauen zu stärken. Die Notwendigkeit dieser Zielorientierung unterstreichen die Befragungsergebnisse nachdrücklich. So lag das mittlere Heiratsalter der Frauen in den vier Dörfern mit 17,1 Jahren nur knapp unter dem gesetzlich vorgegebenen Mindestalter von 18 Jahren, 70 % hatten dieses Alter bei ihrer Vermählung nicht erreicht, und 30 % waren sogar höchstens 15 Jahre jung. Eine Differenzierung des mittleren Heiratsalters im Hinblick auf die zeitliche Entwicklung verweist auf eine durchaus positive Dynamik. Bei Vermählungen vor 1970 war die Braut mit 15,7 Jahren im Durchschnitt 2,2 Jahre jünger als bei einer Heirat 1990 oder später. Doch bleibt auch festzuhalten, dass etwa 15 % der Frauen, die seit 1990 heirateten, höchstens 15 Jahre jung waren.

Geringes Heiratsalter spricht für traditionelle Verhaltensweisen und damit für eine arrangierte Heirat. Immerhin gaben 75 % der befragten Frauen an, dass ihr Standpunkt bei der Vermählung keine Berücksichtigung fand. Auch bei einer Heirat seit 1990 bezogen nur 40 % der Eltern ihre Tochter bei der Entscheidung ein. Entsprechend gering einzuschätzen ist ihr Zugang zu bzw. die Verfügbarkeit über Ressourcen, was aufgrund ihrer räumlichen und sozialen Isolation *(seclusion)* noch verstärkt wird. In fast 90 % der erfassten Haushalte tragen Frauen üblicherweise einen Schleier *(purdah)*, aber erheblich weiter reichend in der diskriminierenden Wirkung ist, dass es in etwa 40 % der Fälle Frauen, einschließlich Mädchen, nicht erlaubt ist, sich frei inner- und außerhalb des Dorfes zu bewegen.

Welche Bedeutung der schulischen Bildung für die Stärkung des sozialen Status der Frauen zukommt, ist aus Figur 10 eindeutig abzulesen. Je höher der Anteil von Frauen bzw. Mädchen mit Schulbildung innerhalb der Familie ist, desto höher ist ihr mittleres Heiratsalter, desto geringer ist das Ausmaß arrangierter Heiraten und umso größer ist ihre räumliche Bewegungsfreiheit. Der Schulbesuch bricht traditionelle Verhaltensweisen auf und senkt die Geburtenhäufigkeit: Mit zunehmendem Anteil ausgebildeter Frauen verliert die Präferenz von Söhnen an Gewicht, verringert sich die Zahl zusätzlicher Geburten und erhöht sich der Wunsch zu kleineren Familien. Figur 10 belegt zudem ein markant stärkeres Beibehalten soziokultureller Traditionen bei muslimischen Haushalten. Neben der Religionszugehörigkeit spielt auch Armut eine Rolle für die geringe schu-

Fig. 11 Lebensbedingungen einer muslimischen Familie in Hathwala (Foto: GANS 1997)
Living conditions of a muslim family in Hathwala (Photo: GANS 1997)

lische Bildung der weiblichen Familienmitglieder. Schon das deutlich geringere mittlere Jahreseinkommen muslimischer Haushalte von 15 000 Rupies im Vergleich zu 27 750 Rupies der Hindufamilien unterstreicht diesen Zusammenhang (Fig 11). Bei unterdurchschnittlicher Bildung verringern sich die Haushaltseinkommen bei Hindus auf 18 000 Rupies, bei Muslimen sogar auf 12 000 Rupies. Niedriges wie hohes Familieneinkommen kann sich aber in Übereinstimmung mit der „Wealth-flow"-Theorie von CALDWELL (1982) positiv auf die Geburtenhäufigkeit auswirken. Land besitzende Eltern versprechen sich von Kindern zusätzliche Arbeitskräfte für die Landwirtschaft, ärmere besitzlose Gruppen setzen Kinder zu Hilfsdiensten wie Holzsammeln oder zur Beaufsichtigung jüngerer Geschwister ein.

Zusammenfassend belegt Figur 10, dass sich mit steigendem Anteil von Frauen mit Schulbildung in den Familien die Autonomie der weiblichen Mitglieder erhöht, beurteilt mit arrangierten Heiraten und der räumlichen sowie sozialen Isolation. Aus der Kombination dieser drei Variablen wird der soziale Status der Frauen in den Familien abgeschätzt. Im Folgenden ist er niedrig, wenn ihre Schulbildung unterdurchschnittlich ist, Heiraten arrangiert und die Bewegungsfreiheit eingeschränkt werden. Er ist hoch, wenn positiv zu wertende Merkmalausprägungen zusammentreffen.

In Figur 12, in der aus Vergleichsgründen nur befragte 15- bis unter 45-jährige Frauen aus Hindufamilien Berücksichtigung finden, fällt zunächst auf, dass die Eltern der befragten Frauen in großer Mehrheit Söhne und Töchter gleichberechtigt behandeln. Doch schriftliche Ergänzungen der Interviewerinnen, wie „Mädchen bleiben nicht für immer hier", oder „Töchter verlassen uns und gehen zu den Schwiegermüttern, während sich Söhne um uns kümmern", stellen die Angaben zumindest im Hinblick auf die reale Umsetzung einer geschlechtsspezifischen Gleichbehandlung erheblich in Frage. Vielmehr klingen Exogamie und mit der Altersversorgung durch die Söhne zumindest unbewusst auch materielle Kosten-Nutzen-Überlegungen an. Diese Einstellungen kommen in Begründungen für eine Präferenz von Söhnen schon deutlicher zum Ausdruck: „Für Mädchen muss man Mitgift zahlen", „Töchter können nicht im Feld arbeiten". Diese sehr konkreten Antworten werden ergänzt durch Angaben allgemeiner Art, wie „Indiens Tradition" oder „Religion". Heiratsgewohnheiten mit ihren bei Söhnen und Töchtern unterschiedlichen finanziellen Konsequenzen und religiöse Gründe tragen wohl entscheidend dazu bei, dass die überwiegende Mehrzahl der Eltern immer noch Söhne bevorzugt. Doch zeigt sich in Figur 12 die Wirkung des sozialen Status auf Autonomie und Unabhängigkeit der Frauen. Bei niedrigem Status ist die Zahl der Geburten eher fremdbestimmt, „jedermann" fordert einen Sohn, der Ehemann legt die Familiengröße weitgehend fest. Zugleich bestätigen die Antworten, dass Frauen mit einem höheren Status Entscheidungsbefugnis gewinnen und damit auch ihre Position in der

Indikatoren	Sozialer Status [%]		
	niedrig n=187	mittel n=396	hoch n=116
Eltern behandelten Töchter und Söhne gleichberechtigt[1]	90,4	86,4	82,8
Wer besteht auf mindestens einem Sohn?			
Frau selbst	12	18	12
Ehepaar	4	7	8
Eltern	15	26	26
Ehemann/Eltern	16	10	5
Jedermann	46	19	13
Niemand	5	16	30
Wer entscheidet über die Kinderzahl in der Familie?			
Frau selbst	8	17	20
Ehepaar gemeinsam	7	16	35
Ehemann	80	63	35
Mittleres Alter der Frauen bei der Geburt ihres ersten Kindes [Jahre]	19,0	20,3	22,0
< 17	22	14	0
17–20	56	37	26
> 20	20	43	68
Sind Sie von Familienplanung überzeugt?[1]	89	92	95
Praktizieren Sie Familienplanung?[1]	78	81	79
Stimmt Ihr Ehemann der Anwendung von Familienplanung zu?[1]	83	82	86
Gibt es genügend Einrichtungen zur Familienplanung im Dorf?[1]	50	61	59
Woher haben Sie Informationen zur Familienplanung?			
Ehemann, Freunde, Bekannte	54	43	41
Medien (Radio, Fernsehen usw.)	31	38	42
Medizinisches Personal (Arzt, Krankenschwester)	2	6	3
Gründe gegen die Anwendung von Familienplanung			
Familiäre Tradition/Religion	16	20	11
Einstellung von Ehemann/Eltern	8	17	15
Mangelnde Informationen	11	11	3

[1] Ja-Antworten [%], bezogen auf den jeweiligen sozialen Status

Fig. 12 Sozialer Status der Frau, Geburtenhäufigkeit und Einstellung zur Familienplanung (15- bis unter 45-jährige Hindu-Frauen; eigene Erhebungen)
Social status of females, fertility, and attitudes towards family planning (15 to 45 year old interviewed Hindu women)

Familie stärken. Frauen mit Schulbildung sind weniger auf eine große Zahl von Kindern, vor allem von Söhnen, angewiesen als Analphabetinnen. Figur 12 hebt auch die Auswirkungen traditioneller Einstellungen auf das generative Verhalten hervor. Je geringer der Status der Frau ist, desto jünger ist sie bei der Geburt ihres ersten Kindes. Die Verteilung auf Altersgruppen macht auf eine erhebliche Streuung des Alters bei der ersten Geburt innerhalb einer Kategorie des sozialen Status aufmerksam. Diese Variation ergibt sich aus der Einkommenssituation der Familie und Kastenzugehörigkeit.

Aus Figur 12 ist außerdem abzuleiten, dass bei den 15- bis unter 45-jährigen Hindufrauen unabhängig vom Status eine hohe Aufgeschlossenheit gegenüber der Familienplanung besteht. Auffallend ist allerdings eine gewisse Diskrepanz zwischen Überzeugung und tatsächlicher Anwendung. Zu den Hintergründen, kommunikative Defizite, soziokulturelle Einstellungen und medizinische Infrastruktur, geben die Anworten in Figur 12 Aufschluss. Informationen erhalten die Frauen je nach ihrem Status vor allem von ihren Ehemännern, von Freunden und Bekannten. Eine vergleichbare Bedeutung nehmen Medien, im Wesentlichen Fernsehen und Radio, ein, während in Gesundheitseinrichtungen beschäftigtes Personal keine Rolle spielt. In dieser Gewichtung drücken sich Konsequenzen für Familienplanungsmaßnahmen aus: Zum einen haben sie die räumliche Isolation von Frauen und ihre Autonomie zu berücksichtigen, zum andern ist es unabdingbar, Ehemänner einzubeziehen. Sie stimmen zwar einer Geburtenkontrolle mehrheitlich zu, doch müssen sie die Position ihrer Frauen vor allem innerhalb jener Familien nachhaltig stärken, in denen sich traditionelle und/oder religiöse Einstellungen gegen eine Anwendung der Familienplanung richten. Insbesondere in Familien mit einem niedrigen sozialen Status der Frauen entscheiden die Ehemänner über die Kinderzahl.

Insgesamt zeichnen die Ergebnisse wiederum Bedingungen des soziokulturellen Umfeldes mit ihren Auswirkungen auf die Bevölkerungsentwicklung nach. Frauen mit niedrigem sozialem Status sind über Familienplanung schlechter informiert und müssen sich häufiger Entscheidungen anderer Personen unterordnen als Frauen mit hohem sozialem Status. Die Werte in Figur 12 zeigen auch an, dass besser ausgebildete Frauen zugleich Diskussionen nicht nur über Familienplanung in die Familien tragen und so Veränderungen von überkommenen Einstellungen hervorrufen können, die für die Bevölkerungsentwicklung Indiens nur positiv zu beurteilen sind. Diese Frauen informieren sich zumindest in einem gewissen Umfange aus verschiedenen Medien und nutzen eher die vorhandene Infrastruktur im Gesundheitswesen. Interessanterweise beurteilen gerade die Frauen mit niedrigem sozialem Status Einrichtungen zur Familienplanung eher als nicht genügend, obwohl sie über Informationsdefizite klagen. Diese zu beseitigen sollte ein wesentliches Ziel der neuen dezentralen Strategie zur Familienplanung in Indien sein.

6. Konsequenzen für die Umsetzung der neuen dezentralen Bevölkerungspolitik

Das Projekt hatte zum Ziel, die soziokulturellen Bedingungen und ihren Einfluss auf das generative Verhalten zu analysieren, und diente weniger dazu, Vorschläge für die Umsetzung der neuen Familienplanungskonzeption Indiens auf der Ebene der Dörfer zu unterbreiten. Die Bedeutung einer effektiven Organisation für die zukünftige Bevölkerungsentwicklung des Landes wird aus Ergebnissen des National Family Health Survey (1994) ersichtlich, nach denen die „ideale" Kinderzahl deutlich unter dem Fruchtbarkeitsniveau in Uttar Pradesh liegt. Auch in der Erhebung wünschten sich alle befragten Frauen im Durchschnitt eine Kinderzahl von 2,5, Frauen, die erst 1990 oder später heirateten, sogar von nur 2,2. Zwar berücksichtigen die Berechnungen keine Angaben, wie „so viel wie möglich" oder „mindestens zwei Jungen", doch muss man trotz dieser Einschränkung davon ausgehen, dass die Vorstellung zur idealen Familiengröße erheblich unter der Fruchtbarkeitsrate von 5,2 in Uttar Pradesh 1993 bleibt. Damit eröffnet sich ein Potential für einen erheblichen Rückgang der Fertilität.

Bei der Befragung wurde auch ein Themenkomplex bedacht, der bei der neuen dezentralen Familienplanungsstrategie „Think, plan and act locally and support nationally" (SWAMINATHAN 1996, S. 205) eine Schlüsselstellung einnimmt. Es handelt sich um die aktive Mitarbeit der Frauen im Dorfrat, denen zu diesem Zweck ein Drittel aller Sitze im *panchayat* reserviert sind (SWAMINATHAN 1996, S. 222). Um diese gesetzliche Vorgabe im Hinblick auf die Familienplanung einordnen zu können, wurden die Frauen nach ihren Einstellungen zur politischen Partizipation und zu den vorliegenden Bedingungen befragt. Die Ergebnisse lassen sich so zusammenfassen, dass die Frauen durchaus interessiert sind, aber die Dorfbewohner und der *panchayat* eine aktive Beteiligung ablehnen. Während auf der nationalen Ebene die Beurteilung des politischen Engagements ambivalent ausfällt, zeigt sich auf der dörflichen Ebene in Abhängigkeit vom sozialen Status der Frauen eine zurückhaltende Aufgeschlossenheit gegenüber einer politischen Partizipation. Gut drei Viertel von ihnen wollen sich nicht beteiligen, und die Mehrheit meint, dass die Dorfbewohner politische Aktivitäten nicht begrüßen.

Zu ähnlichen Ergebnissen, die die dem *panchayat* zugewiesene Funktion innerhalb der Familienplanung in Frage stellen, kommt eine Studie des Population Research Centre (o. J.) der Universität von Delhi in zwei östlich gelegenen Distrikten von Uttar Pradesh. Nicht die Gesundheitsversorgung oder die Familienplanung steht auf der Tagesordnung des *panchayat*, sondern Kredite, Saatgut, Düngemittel oder der Hausbau. Der Dorfrat versteht Familienplanung als ein Programm der Regierung, das nicht den Dorfbewohnern dient, sondern jenen Personen, die Geburtenkontrolle propagieren. Gegenwärtig ist der *panchayat* wohl kaum die von der Regierung postulierte effektive Institution, um die Interessen der Frauen durchzusetzen (SWAMINATHAN

1996, S. 206). Vielmehr sollte man sich auf eine effektive dezentrale Neuorganisation des bestehenden Systems konzentrieren. Möglichkeiten wären hierzu u. a.:

- Gesundheits- und Familienplanungszentren ausschließlich für Frauen und Kinder;
- Einrichtungen zur Kommunikation zwischen Frauen, die wie z. B. ein *stiching centre* auch Einkommensmöglichkeiten eröffnen oder die schulische Bildung verbessern;
- bevorzugte Beschäftigung von Frauen als medizinisches Personal;
- dessen verbesserte Ausbildung und kontinuierliche Schulung;
- formelle Einbeziehung der *dai* in die pränatale Gesundheitsvorsorge;
- mehr Informationen über Familienplanung für Männer;
- Berücksichtigung von Nichtregierungsorganisationen, die vor allem auch religiöse Minderheiten ansprechen können;
- bauliche Instandsetzung und verbesserte Ausstattung der Gesundheitszentren;
- stärkere Kontrolle des Schulbesuchs von Mädchen.

Übergeordnetes Ziel der Umsetzungen der dezentralen Konzeption muss sein, alle Bevölkerungsgruppen, insbesondere auch muslimische Familien, mit Informationen zu erreichen.

Literatur

Archives (1997): Population in India's First Five-Year Plan (1951–1956). Population and Development Review, **23**: 399–403.

Arnold, F., Choe, M. K., & T. K. Roy (1998): Son preference, the family-buildyng process and child mortality in India. Population Studies, **52**: 301–315.

Basu, A. M. (1992): The status of women and the quality of life among the poor. Cambridge Journal of Economics, **16**: 249–267.

Bose, A. (1991): Population of India. 1991 Census results and methodology. New Delhi.

Bronger, D. (1996): Indien. Größte Demokratie der Welt zwischen Kastenwesen und Armut. Gotha.

Caldwell, J. C. (1982): Theory of fertility decline. London [u. a.].

Caldwell, J. C. (1998): Malthus and the less developed world: The pivote role of India. Population and Development Review, **24**: 675–696.

Caldwell, J. C., Reddy, P. H., & P. Caldwell (1982): The causes of demographic change in rural South India: A micro approach. Population and Development Review, **8**: 689–727.

Cleland, J., & C. Wilson (1987): Demand theories of the fertility transition: An iconoclastic view. Population Studies, **40**: 5-30.

Drèze, J., & H. Gazdar (1997): Uttar Pradesh: The burden of inertia. In: Drèze, J., & A. Sen [Eds.]: Indian development. Selected regional perspectives. Bombay [u. a.], 33–128.

Dyson, T., & M. Moore (1983): On kinship structure, female autonomy, and demographic behaviour in India. Population and Development Review, **9**: 35–60.

Gans, P., & V. K. Tyagi (1994): Spatio-temporal variations in population growth in India since 1901. Petermanns Geographische Mitteilungen, **138**: 287–296.

Gans, P., & V. K. Tyagi (1999): Regionale Unterschiede in der Bevölkerungsentwicklung Indiens. Geographische Rundschau, **51**: 103–110.

Gosal, G. S. (1991): Spatial patterns of fertility trends in India, 1971–1987. In: Bähr, J., & P. Gans [Eds.]: The geographical approach to fertility. Kiel, 313–337. = Kieler Geographische Schriften, **78**.

Government of India, Ministry of Health and Family Planning (1996): Manual on target free approach in Family Welfare Programme. New Delhi.

Jones, G. W. (1990): Fertility transitions among Malay populations of Southeast Asia: Puzzles of interpretation. Population and Development Review, **16**: 507–533.

Kishor, S. (1993): "May God give sons to all": Gender and child mortality in India. American Sociological Review, **58**: 247–265.

Libbee, M. J., & D. E. Sopher (1975): Marriage migration in rural India. In: Kossinski, L. A., & R. Mansell Prothero [Eds.]: People on the move. Studies on internal migration. London, 347–359.

Mahadevan, K., & R. Jayasree (1989): Value of children and differential fertility behaviour in Kerala, Andhra Pradesh and Uttar Pradesh. In: Singh, S. N. [Ed.]: Population transition in India 2. Delhi, 123–131.

National Family Health Survey (1994): India. Introductory report, 1992–1993. New Delhi.

Population Research Centre, Institute of Economic Growth, University of Delhi (o. J.): Developing revised health and family welfare strategy for the districts of Basti and Siddarthanagar in Uttar Pradesh. New Delhi.

Premi, M. K. (1991): India's population: Heading towards a billion. An analysis of 1991 census provisional results. Delhi.

Premi, M. K. (1992): Does India have a population policy? The Indian Journal of Public Administration, **38**: 7–14.

Raina, B. L. (1989): Development of population policy in India. Journal of Indian School of Political Economy, **1**: 29–63.

Saksena, D. N. (1989): Marriage age, family size motivations and contraceptive prevalence in Uttar Pradesh. In: Singh, S. N. [Ed.]: Population transition in India 2. Delhi, 89–94.

Swaminathan, M. S. (1996): Draft national population policy. In: Bose, A.: India's population policy changing paradigm. Calcutta, 198–228.

Van de Kaa, D. J. (1996): Anchored narratives: The story and findings of half a century of research into the determinants of fertility. Population Studies, **50**: 389–432.

Visaria, L., & P. Visaria (1995): India's population in transition. Washington, D. C. = Population Bulletin, **50**.

Manuskriptannahme: 26. Mai 1999

Prof. Dr. Paul Gans, Universität Mannheim, Geographisches Institut, 68131 Mannheim
E-Mail: paulgans@rumms.uni-mannheim.de

Dr. Vijendra K. Tyagi, University of Delhi, Shaheed Bhagat Singh College, Department of Geography, Sheikh Sarai, Phase II, New Delhi-110017, Indien

Sahara und Sudan: Heinrich Barth – der Humboldt der Sudanforschung (Teil I)

Fig. 1 Ausschnitt aus der Karte des Aïr nach Routenaufnahmen von BARTH in Entwurf und Zeichnung von PETERMANN (PGM 1857, Tafel 11)

Die erste wissenschaftliche Afrikareise der Neuzeit unternahm 1768 bis 1773 der Brite JAMES BRUCE von Massaua am Roten Meer über die Quelle des Blauen Nil zur Nubischen Wüste. Hieran anknüpfend sowie britische Handelsinteressen verfolgend, bildete sich 1788 in London die „Association for promoting the Discovery of the Interior Parts of Africa", aus der 1830 die Royal Geographical Society hervorging. Diese sandten regelmäßig Reisende zur Klärung der Flussläufe von Senegal, Gambia und vor allem des Niger aus. Nachdem die Pariser Geographische Gesellschaft einen Preis zur Erreichung des sagenumwobenen Timbuktu ausgesetzt hatte, gelangte der Franzose RENÉ CAILLIÉ 1828 als Moslem verkleidet zwar nicht als erster Europäer in diese Handelsstadt am Knie des Niger, überlebte dies jedoch als erster und berichtete hierüber. Nach dem Gewinn dieser Trophäe wandelte sich der Charakter der Reisen zunehmend von Entdeckungen zu Forschungen, die sich bis in die 1870er Jahre überwiegend auf die vor der Schwelle Europas gelegene Sahara und den Sudan einschließlich des Niltals richteten.

Die französischen Eroberungen in Algerien seit 1830 hatten auch in Großbritannien das Interesse verstärkt auf die hinter der nordafrikanischen Küste gelegenen, weithin unbekannten Landschaften gelenkt. Der britische Missionar JAMES

RICHARDSON (1809–1851), der bereits 1845–1846 Tripolitanien durchstreift hatte, konnte 1849 seine Regierung für die Unterstützung einer Forschungs- und Handelsexpedition nach Innerafrika gewinnen. Durch die Vermittlung des alten ALEXANDER VON HUMBOLDT und nicht zuletzt des seinerzeit in London ansässigen Kartographen AUGUST PETERMANN, der für die Royal Geographical Society an der Reisevorbereitung beteiligt war, sowie durch namhafte Geldzuwendungen sowohl des preußischen Königs als auch der jungen Hamburger HEINRICH BARTH (1821–1865) und ADOLF OVERWEG (1822–1852) selbst gelang es, diese beiden als Reisebegleiter RICHARDSONS durchzusetzen.

Fig. 2 Farbholzschnitt einer Elefantenherde am Tschad nach einer Zeichnung BARTHS (BARTH 1859, nach S. 486)

Der aus vermögender Kaufmannsfamilie stammende BARTH verfügte über ausgesprochene Talente sowohl als Zeichner wie auch für Sprachen, war jedoch von wohl schroffer Art mit starkem Selbstgefühl. Nach bereits frühen Arabischstudien studierte er in Berlin bei CARL RITTER Geographie sowie Sprachwissenschaften und Altertumskunde. Nach seiner Promotion 1844 hatte er drei Jahre lang von Marokko über Ägypten ins Osmanische Reich die Mittelmeerküste bereist, sich anschließend 1848 in Berlin habilitiert, aber dann seine Vorlesungen zur Geographie Nordafrikas wegen zu geringen Besuchs einstellen müssen. Sein Reisegenosse OVERWEG wurde 1847 in Geologie promoviert und ergänzte aufgrund seiner Kenntnisse in physischer Geographie und astronomischer Beobachtung BARTHS kulturgeographische und sprachwissenschaftliche Fähigkeiten und Interessen.

Am 24. März 1850 traten RICHARDSON, BARTH und OVERWEG vom libyschen Tripolis aus ihre große Reise durch die Sahara ins Innere Afrikas an, die zur wohl ergiebigsten Afrikaexpedition des 19. Jh. wurde. Dabei reiste BARTH eingedenk seiner Afrikaerfahrungen unter dem Namen ABD EL KARIM (= Diener des Gnädigen) und führte neben Pferd und Zelt auch Revolver und Doppelflinte sowie säckeweise Münzgeld mit sich. Entlang der erstmals von Europäern begangenen zentralen transsaharischen Karawanenroute über Murzuk ins Herz des Kontinents gelang nur äußerst mühsam die Durchquerung der Sahara, die mit Sandsturm und Tuaregüberfall aufwartete. Dabei unternahm BARTH allein einen Erkundungszug durch das noch völlig unbekannte Aïr-Gebirge (Fig. 1) im Herzen des Tuareglandes. Am Nordrand des die Landschaften um den Tschad vereinigenden Reichs Bornu trennten sich die Reisenden im November 1850, um auf verschiedenen Routen die Hauptstadt Kuka am Westufer des Sees zu erreichen. Infolge der durchlittenen Strapazen starb RICHARDSON aber schon am 11. Januar 1851 kurz vor

Fig. 3 Lithographie einer von BARTH im Tal Telissarhe im algerisch-nigerischen Grenzgebiet kopierten Felszeichnung (PGM 1857, S. 244)

Kuka infolge totaler Erschöpfung. BARTH konnte zwar dessen Aufzeichnungen bergen, allerdings verblieben ihm nach Begleichung von dessen Schulden nurmehr 16 Taler Barvermögen. Sein Glücksstern bescherte ihm jedoch eine freundliche Aufnahme beim Herrscher von Bornu, der sogar großzügig weitere Reisemittel vorstreckte.

Anfang Mai 1851 traf OVERWEG beim neuen Expeditionsleiter in Kuka ein, von wo aus beide gemeinsam oder getrennt mehrere ergebnisreiche landeskundliche Ausflüge in die noch unbekannten Landschaften der Umgebung machten. Wichtigster Ausflug BARTHS war dabei derjenige zum Adamaua-Gebirge im Süden, wobei er bei Yola am 18. Juni 1851 als erster Europäer den Mittellauf des Benue entdeckte, des mächtigsten Zuflusses des Niger, von dem die Zeitgenossen noch lange glaubten, dieser sei die ersehnte Wasserstraße ins Innere Afrikas. Gemeinsam mit OVERWEG unternahm BARTH von November 1851 bis Februar 1852 eine Reise in die Landschaft Musgo im Süden des Sees (Fig. 2). Anschließend reiste er allein in die Landschaft Bagirmi im Südosten, wo er bei einem längeren Aufenthalt vielfältige Forschungen betrieb. *(Fortsetzung in PGM 2/2000)*

IMRE J. DEMHARDT, Universität Darmstadt

Sahelzone – das Beispiel Südniger: Rumpffläche – Stufe – Nigertal

Die Luftaufnahme von Figur 1 zeigt einen für große Teile des Sahel typischen Ausschnitt aus der getreppten, zerschnittenen Rumpfflächenlandschaft, die in den fluvial gebildeten, weichen Sandsteinschichten mit eingelagerten harten Eisenkrusten des bis ins mittlere Tertiär abgelagerten Continental Terminal (CT) ausgebildet ist. Die Stufenhänge erscheinen durch die patinierte Schuttdecke als dunkle Bänder. Zwischen der untersten Stufe und der Talaue des nach rechts ziehenden, nur episodisch durchflossenen Dallol vermitteln durch flächenhafte Abtragung entstandene Pedimente bzw. Glacis d'Erosion, deren linienhafte Zerschneidung durch Gebüschstreifen nachgezeichnet wird. Die breite Flussaue ist in helle sandige Abflußbahnen zwischen Auewaldstreifen auf dem Hochwasserbett gegliedert. Von der natürlichen holozänen Trockenwaldvegetation der Flächen und Stufen sind als Folge langer Übernutzung und Bodenabspülung nur lückenhafte, 2 bis 3 m hohe *Combretum*-Buschbestände übrig geblieben, die im Hintergrund das typische Streifenmuster der Brousse Tigrée bilden. Die Gebüschstreifen können auf dem flachgründigen Substrat nur dort wachsen, wo bei leichtem Gefälle zusammengeschwemmter Boden und organisches Material etwas bessere Standorte schaffen.

Die ca. 100 m hohe Sandsteinstufe in Figur 2, zwischen zwei Rumpfflächen im rötlichen Sandstein des Continental Hamadien (Oberkreide) ausgebildet, entspricht dem Stufentyp von Figur 1. Überlagert werden die unteren Teile der vom patinierten Schutt dunklen Hänge und das Pediment von rot verwitterten, fluvial zerschnittenen Altdünenrampen einer äolischen Phase, die sich im Jungpleistozän bis 500 km weit über den heutigen Sahararand nach Süden auswirkte. Viehgangeln im dank guter Infiltration auch zum Ende der Trockenzeit noch dichten Grasbestand sind Spuren einer halbnomadischen Weidewirtschaft, die durch Hirseanbau auf den Sandböden ergänzt wird.

Figur 3 führt zum tiefsten sahelischen Landschaftsstockwerk hinab. Die in einem tropischen Sumpfmilieu gebildeten Eisenkrustenblöcke des CT im Vordergrund, mit herausgewitterten weißen Quarzkieseln, sind auf einem Talhang abgerutscht, der aus Kaolin besteht, das mindestens seit dem Mesozoikum durch chemische Tiefenverwitterung gebildet worden ist und in der Nähe als Töpferton abgebaut wird. Der Niger hat seit dem Jungtertiär sein breites Kastental im Bereich der bei Niedrigwasser gut sichtbaren Stromschnellen bis an die alte Verwitterungsbasis eingeschnitten. Über dem unverwitterten Granit liegen dort, wie auch am mittleren Talhang erkennbar, die typischerweise bei der Tiefenverwitterung ausgesparten unverwitterten Kernsteine bzw. Wollsäcke. Die Hirsebauerngehöfte im Mittelgrund liegen auf einer äolischen Sandrampe gleichen Typs wie in Figur 2.

DETLEF BUSCHE, Universität Würzburg

Fig. 1 Zerschnittene Rumpffläche des Continental Terminal nördlich von Niamey (Foto: BUSCHE, August 1993)

Fig. 2 Sandsteinschichtstufe mit Altdünenrampe nördlich von Gouré, Südostniger (Foto: BUSCHE, April 1990)

Fig. 3 Nigertal mit den Granitstromschnellen von „Rio Bravo", nordwestlich von Niamey (Foto: BUSCHE, April 1984)

© 2000 Justus Perthes Verlag Gotha GmbH

VORSCHAU

PGM 2 / 2000
ÖKOSYSTEMFORSCHUNG

Armin Werner & Wolfgang Seyfarth
Zur Integration ökologischer Ziele in die agrarische Landnutzung

Karl Auerswald, Harald Albrecht, Max Kainz & Jörg Pfadenhauer
Principles of sustainable land use systems developed and evaluated by the Munich Research Alliance on Agroecosystems (FAM)

Klaus Dierssen & Wilhelm Windhorst
Ökosystemforschung am Ökologie-Zentrum Kiel

Michael Bredemeier & Friedrich O. Beese
Ökosystemforschung für eine nachhaltige, multifunktionale Waldnutzung

Pedro Gerstberger
Die Auswirkungen atmogener Stickstoffverbindungen auf die Bodenvegetation mitteleuropäischer Waldökosysteme

Uta Steinhardt & Martin Volk
Von der Makropore zum Flusseinzugsgebiet – hierarchische Ansätze zum Verständnis des landschaftlichen Wasser- und Stoffhaushaltes

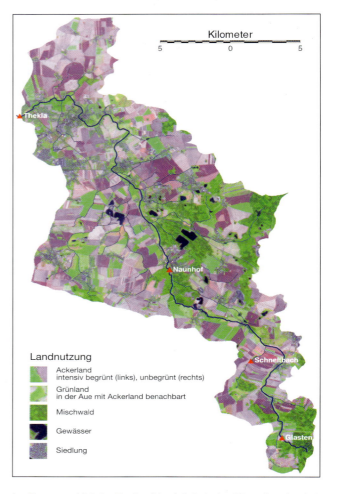

Im Einzugsgebiet der Parthe (Nordsächsische Altmoränenlandschaft) werden Beziehungen zwischen anthropogenen Einwirkungen und dem landschaftsgebundenen Wasser- und Stoffhaushalt untersucht (Steinhardt & Volk 1999)

PGM 3 / 2000
Satellitenfernerkundung
(Detlef Busche, Tel.: 0931/888-5585, Fax: 0931/888-5544, E-Mail: busche@mail.uni-wuerzburg.de)

PGM 4 / 2000
Klimawandel
(Otmar Seuffert, Tel.: 06251/690282, Fax: 06251/65553, E-Mail: geooeko@t-online.de)

PGM 5 / 2000
Deutschland – zehn Jahre nach der Wiedervereinigung
(Frauke Kraas, Tel.: 0228/732096, Fax: 0228/737230, E-Mail: kraas@giub.uni-bonn.de;
Martin Coy, Tel.: 07071/29-76462, Fax: 07071/29-5318, E-Mail: martin.coy@uni-tuebingen.de)

PGM 6 / 2000
Der Mittelmeerraum
(Horst-Günter Wagner, Tel.: 0931/888-5550, Fax: 0931/888-5556, E-Mail: h-g.wagner@mail.uni-wuerzburg.de)

PGM 1 / 2001
Landnutzung kontra Naturschutz
(Hans-Rudolf Bork, Tel.: 0331/977-2921, Fax: 0331/977-2068, E-Mail: hrbork@rz.uni-potsdam.de)